底層世代
層世代
アンダー
クラス

底層世代

高工時、低薪水、崩壞的人生軌道，
絕望的國度裡是否也有你的身影？

CONTENTS

目次

推薦序　若下一個被社會丟棄的是我（或你），我們如何反抗？——朱剛勇　011
推薦序　從日本的他山之石反思台灣——黃克先　023
序　章　底層階級的出現　029
第一章　新階級社會誕生了　039
一、「貧窮」的境界　040
二、居住地區與經濟落差　045
三、所屬階級與落差　052
四、典型與非典型之間的高牆　060
五、底層階級出現之前　065

第二章　何謂底層階級？ 079
一、底層階級帶來的巨大衝擊 080
二、「不值得救助的」貧窮階層？ 085
三、富足的多數派背後 091
四、勞工內部的分界線 096

第三章　現代日本的底層階級 103
一、從數據觀察到的特徵 104
二、性別與年齡所呈現的差異 109
三、底層階級的四種群體 116

CONTENTS 目次

第四章　絕望國度裡絕望的年輕人——青年．中年底層階級男性的現實 131
一、哪裡有幸福的年輕人？ 133
二、不幸與絕望帶來憂鬱 142
三、得不到企業的好處 149
四、成長於嚴峻的環境，又遭到學校排擠 154
五、孤獨與健康情況不佳 162
六、底層階級微小的希望 170
第五章　底層階級的女性——她們走過的路與現在的處境 175
一、即使與人同住，生活仍過得辛苦 177

二、未婚與離異、喪偶是人生的十字路口 185
三、與男性不同的成長經歷 191
四、社會資本為她們帶來一絲希望 196
五、日常生活的小確幸 202
六、女性如何看待社會上的階級落差？ 206

第六章 「下流老人」逐漸增加 209
一、職涯經歷與退休後的生活 210
二、中年底層階級的未來 219
三、高齡底層階級女性 225

CONTENTS 目次

第七章　與底層階級僅有一牆之隔的「失業者・無業者」 235
一、失業的實際狀況遭到低估 236
二、成長過程，職涯經歷與現在 239
三、失業者、無業者的真實面貌 248
四、與底層階級之間的政治同質性 262

第八章　底層階級與日本的未來 267
一、無處可去的不滿 270
二、唯有消弭階級落差是政治爭論的焦點 283
三、為了擴大支持基礎 288

終　章　日本將從「下層」開始崩壞　297
參考文獻　309

推薦序
若下一個被社會丟棄的是我（或你），我們如何反抗？

人生百味共同創辦人　朱剛勇

今天，這裡也能讓人懷抱夢想嗎？

人們總認為今天有的，明天也一定會有。
照這個道理，昨天有的，今天也非有不可。
——《年輕人們》

小說家福澤徹三曾寫下一本恐怖小說，描述平凡的大學生突然被校方通知學費欠繳而退學，接著才發現父母失聯。男孩想辦法打工自立卻屢遭挫折，最後經歷一連串意外，竟快速跌落底層、變成街友。書出版後引起廣大迴響，甚至快速被翻拍成電影。

這本小說是《東京難民》，台灣出版時改翻成《年輕人們》，許多讀者反應他們更喜歡原名，我當時也是這麼認為，繁榮城市中難民乍現，對當年的島國而言確實更遙遠不思議。然而現在回想，原來是自己沒意識「年輕人們」傳達的驚悚呼告：難民並非來自異地、穿越海洋，而是從平凡生活隨機墜落的人，可能是你，是我，是任何的年輕人們。

PREFACE

推薦序

前年夏天，當疫情三級警戒逐邁入尾聲，團隊突然接到數通求救電話。來電的人們與我們一直以來的協助對象相當不同——我很少如此形容：但他們很「正常」。求助者大多年輕，年齡落在二十五至三十五歲間，身心狀態與本來從事的工作都相當普通，不少是餐飲服務業。大家共同遇到的困境是遇到疫情影響，被無限期減班、放無薪假；當逐漸無法負擔房租和生活費，才意識到自己可能會流浪街頭。

阿文是其中一位。我們在團隊經營的無家者友善空間認識，他等待使用浴室時和我搭話，發現我們年紀相同後，阿文開始熱絡搜尋更多共通點，他說自已也常協助街友：「我都跟朋友定期集資買便當到車站發送。下禮拜也會到新竹發餐，你想一起來嗎？」

那你是從何時變成街友，變成我們幫助的人？我忍不住問。

阿文的家庭狀態複雜，他十六七歲便開始在外工作，希望能儘早自立。二十多歲時，朋友找他合資開小吃店，阿文說他那時覺得終於熬出頭、能當老闆了，於是卯起來做，常因為顧攤、備料而好幾天沒睡：「後來身體撐不住了，胃破洞吐血，我只好住院休養。小吃店也收了。我出院後身體還很虛弱，投靠朋友一陣子；最後是真的沒辦法，才來到台北流浪、找機會。」

PREFACE 推薦序

找機會。阿文始終相信自己可以靠自己站起來。只要身體調養好，只要再讓他再次能工作，一切都會變好。那年在旁看著阿文起起伏伏，受疫情影響，他試了幾次卻無法回到餐飲業，去工地打工，卻又擔心高勞力會使舊病復發。最後，阿文離開了據點，決定到其他地方闖闖。

最後一次跟阿文聊天，阿文說：「台北是個充滿希望的地方，只要肯做，都會有機會。」為什麼呢，我無法理解：「現在你還是這麼覺得嗎？」阿文笑著回：對呀。

那天之後，我再次翻閱《年輕人們》，發現書封上有這一段文字：「這裡，能讓你懷抱夢想嗎？」

為什麼我們需要認識新下層階級

假使社會上有我們難以啟齒、無法明確承認或辯論，並缺乏心智工具和詞彙來恰當描述之事，那麼我們都是無聲之人。

——《不平等的樣貌》

與阿文相似的身影並不只存在於小說中。後來在街上、不同社福組織中，我也陸續與這些「年輕人們」相遇：三十歲的雯雯本來是全職母親，遭受家暴後帶著兩個孩子在外租屋，卻因此陷入經濟困境；李哥長年在工地打工，但當身體受傷、收入銳減而負擔不起租金後，只能住在由貨櫃隔成的簡陋小房間。

PREFACE

推薦序

這些人在墜落前一刻都未發現自己是弱勢者，社會救助制度也是如此認知：他們未達老年身分，有工作能力，也未領有身心障礙手冊。社會認為他們可以、應該憑藉已力脫困；然而在我接觸過程，覺得他們從來沒不努力，也沒放棄過努力（如同阿文深信只要努力就有機會），社會卻因此更理所當然將這些人推遠。被推遠的人們載浮載沉，多數要等到「終於」掉落到谷底，符合法定的受助定義後，才終於被體制受理。

如果阿文，以及那些同他一樣的人們，會在這時代裡遭受踉蹌、摔落後難以爬起，當有日浪潮捲向我，或你，我們是否真有如此把握仍能站得住腳？

《底層世代》所期待的，正是帶領讀者直視處在灰色地帶、未被社會福利納入支持範圍的高風險群體。作者梳理「底層階級」一詞的定義，以及其被污名化、進而成為輿論抨擊對象的脈絡，再透過數據及訪談，找出此刻社會已形成、處在危殆狀態卻未被正視的「新下層階級」。

閱讀過程若發現自己也被包含其中，請別害怕，你並不孤單。此刻正是我們相認、結伴，一同補起這面網、停止讓人繼續墜落的時刻，在大浪來臨前。

愈無望，愈有希望：絕望時代的自救守則

相較這些年台灣代理的日本貧困議題出版，《底層世

代》並不算好閱讀。若想聆聽生命故事，NHK 採訪小組的《女性貧困》和《無緣社會》會更加豐富、有溫度；想拓展對個別群體的認識，坂爪真吾《裏面日本風俗業界現場》和藤田孝典《貧困世代》則分別對性產業與貧困青年有更深入的描繪。

《底層世代》著重於數據分析，從就業結構中討論非典型勞動導致貧窮的風險極高，再對照家戶收入與個人所得，層層抽絲剝繭找出最容易墜落底層的類型。令人驚訝（或不驚訝）的結果是，所謂的類型竟然廣泛分布，包含男性、女性，青年與高齡者，甚至有部分也無關是否出生在貧窮家庭。

聽起來是讓人感到絕望的結果，然而作者在分析過後，竟提供了積極正向的見解。他認為每個人都是有希望的，多數經濟不穩定的青年男性因為感知得到自己的困境是由社會結構造成，因而更有機會被組織動員，改變社會；而許多女性則因積極維繫社會關係，即便在貧困生活中也有培養興趣的意願，反而不容易陷入絕望。甚至在最後章節也提供了政治改革的積極建議，這些都是過往相關議題討論中所難以出現的樂觀。

艱困咀嚼書中的圖表、數字，我盯著小數點，心想阿文終於不再被排除了，他遭遇的困境痛苦終於被正視與定義。而我與阿文的距離，確實沒有想像中遙遠，就如同他當年所說。

PREFACE 推薦序

我們真的有機會在時代的浪打上時仍安好存在嗎？前年收到阿文的信，他說：「世界上有更多熱情的人，那會更美好。」似乎在提醒我們別放棄希望。無論如何，祝福即將閱讀這本書的你找到自己的答案，願機會永遠對我們有利。

PREFACE 推薦序

推薦序

從日本的他山之石反思台灣

國立臺灣大學社會學系副教授、
《危殆生活》作者　黃克先

歐美國家在上世紀七十年代以來，貧富不均的現象日益惡化，更少數的富人以更驚人的速度積聚更高比例的財富，這使得許多學者投入社會不平等的研究，憂心忡忡地提出各種改革呼籲。從各種社會不平等指標來比較世界先進國家的表現，日本都是非常突出的。儘管相對平等，但我們會發現日本人卻非常關注社會上新興經濟弱勢的處境。不僅嚴肅的社會評論節目會邀請學者做系統性的討論，製播的戲劇與電影中也常以繭居族、飛特族、尼特族為題，例如著名演員阿部寬與佐藤健主演的《那些得不到保護的人》、二宮和也主演的《飛特族、買個家。》、吉岡里帆的《健康有文化的最低限度生活》、深田恭子的《Silent Poor》。NHK更經常製播討論社會新興邊緣群體的節目，多方訪談了貧窮者與服務者，內容不但紮實且有深度，其成果常出版成冊供更多日本民眾認識各類貧窮現象，例如台灣已翻譯過來的《無緣社會》、《女性貧困》。另外如藤田孝典所著談青年貧窮的《貧困世代》及老年貧窮的《下流老人》，及家庭社會學者山田昌弘的《社會為何對年輕人冷酷無情》都引發不少台灣在地的討論。

本書同樣關注新興貧窮現象，而因作者是長期關注日本的社會階層化與階級問題的社會學者橋本健二，因此書中摻雜更多的數據、類型區分、術語、學院詞彙。他延續以往認為「一億總中流」的平等社會走向階級差距拉大的格差社會的論點，本文主體以此為開端，在第三章討論目前日本新的階級結構，包含了四大階級：資產階級、新中產階級、勞工階級、底層階級，而本書即聚焦在底層階級上，其主要特點是從事非典型工作。橋本再以六十歲及性別為分界將其區分為四種類型，在四、五、六章中分別討論其不同處境。第七章則談到底層階級由於從事危殆的（precarious）工作型態而常面臨失業的風險。第八章則別出心裁地討論底層階級與日本政黨政治之間弔詭的關係，提醒左派政黨要找回初衷與理念。最終在結尾處，橋本一如本書開頭，以日本人熟知的連續殺人犯為例，認為這種社會不平等的困境很可能導致各種災難性的後果，呼籲大家要正視。

相對於前述由NHK編採或長期任職非營利組織的作者撰寫的相關著作，本書因為較缺乏底層人士的現身及人敘事，讀來較為艱澀，但讀者也能透過更多客觀數據捕捉貧窮者樣貌。事實上，當代社會中的貧窮現象日益複雜且容易被表象掩蓋，當中也涉及許多文化因素及幽微的情緒感受，本就應藉由多重管道方能掌握全貌並有更深刻的理解，除了藉由統計數據分析以外，我們也應搭配實地參與貧窮者生活，或傾聽有貧窮經驗者講述的研究成果，加上第一線工作者及從事社運者的觀察，方能窺其全貌，並擬定更有效且減少副作用之應對貧窮政策或介入方式。

二〇〇〇年以後的台灣社會進入社會不平等加劇的時期，僅管從各種衡量指標及統計數據來看，台灣與其他國家相比，人民之間仍是相對經濟平等的，但相較於以往確實貧富差距明顯擴大，社會學者林宗弘等人的研究更明確指出，階級流動變得困難重重，過去引以自豪的要拼才會贏的生活哲學成為往事，黑手變頭家的故事常只停留在追憶中，無法上漲的薪資及驚人的住房成本讓青年生活壓力沉重，要繳納各種社會保險卻眼見早在他們能領取之前就可能破產。許多忽略更廣泛經濟結構因素及社會脈絡的觀察家或主流媒體，更屢屢為這些「崩世代」年輕人貼上各種如草莓族、小確幸世代的負面標籤，更讓他們覺得無力且無言而傾向躺平或厭世。面對這樣的處境，我們需要更多橋本健二撰寫的《底層世代》的著作，助我們省思在高速成長過後陷入停滯的當代社會經濟不平等的樣貌為何，而身處貧困的人們具體處境又如何。

序章——底層階級的出現

一九六五年，永山則夫國中畢業後隨即透過集體就業機制來到東京，輾轉換了許多工作，最後在一九六八年秋天連續犯下多起槍擊殺人事件，其死刑在一九九七年被執行。他在獄中大量閱讀了文學作品和思想典籍，繼而寫下多部作品問世。其中一篇名為〈驚產黨宣言〉的文章，是他在一九七一年所寫下的。

在這篇文章裡，他主張社會由三個階級組成：「大資產階級」、「小資產階級與貴族無產階級」及「流氓無產階級」。所謂流氓無產階級指的是沒有固定職業的勞工與居無定所的流浪漢。卡爾・馬克思曾經主張這個階級是無產階級革命運動敵對的潛在犯罪者，並留下諸多侮蔑性言論。然而根據永山的論點，被馬克思視為革命性下層階級穩定受僱的無產階級，將和大資產階級勾結而導致自身的貴族無產階級化，終與流氓無產階級產生對立，犧牲後者並使自己免於從事高危險性的勞動，過上豐衣足食的生活。於是永山便主張，如今只有流氓無產階級稱得上是革命階級，他們從事個體式的恐怖攻擊，與資產階級抗衡，或將集結為恐怖分子組織。（本文收錄於《遺忘人民的金絲雀》一書）

把自己化約為革命的流氓無產階級，由此正當化自己的所作所為，這般荒唐論調倒也並非無法理解。不過若再更深入地去思考，會發現他所陳述的是相當精確的現況分析，或者說讓人有點毛骨悚然的預言，因為現今的日本社會，正逐步朝他所描述的景象靠近。在階級落差逐漸擴大的趨勢中，「大資產階級」確實積累了愈來愈多的財富。而受雇者階級之內也出現了巨大的落差，其中位居頂點的是任職於跨國企業的高所得菁英，成群結隊散落底層的則是領著低廉工資的非典型勞工，其所占全體比例正持續增加。這樣的結構，正是造成社會不安定的根源。

在這些非典型勞工中，筆者先將為貼補家用而打工的主婦、非正職的員工及管理職、擁有專業證照或技能的專業工作者排除，將其餘的人稱為「底層階級」（underclass）。這個階級的人口數量約為九百三十萬人，占總就業人口的百分之十五，並正迅速增加。

這個階級多為以下這一類人（此處的九百三十萬人雖包含高齡人口，但以下統計數字不計入有資格領取年金的六十歲以上人士）。[1]

以平均年所得僅一百八十六萬圓為界線，[2]貧窮率是相當高的百分之三十八・七，其中女性的貧窮率更是接近五成。這個階級的人所從事的工作，許多是體力勞動、銷售職與服務業；具體來說包括了商店店員、廚師、服務員、清潔工、收銀員、出納員、倉管與裝卸工、護工、居家看護以及派遣事務員等，平均工時只比全職勞工少一至兩成，許多人工時甚至不比全職勞工短。

正因深陷貧困，結婚成家也非易事。此階級男性高達百分之六十六・四為未婚，有配偶者僅占百分之二十五・七。單身女性也超過半數，其中高達百分之四十三・九的人曾經歷離異或喪偶，成為陷入貧窮的主因。對生活感到滿意者僅占百分之十八・六，不到其他階級的一半。

許多人度過灰暗的童年。超過三成的人曾遭霸凌，一成的人曾拒絕上學，也有很多人中途輟學，大約三分之一的人從畢業到找到工作之間有一段空窗期。

他們的健康也多半出了問題。有四分之一的人自覺健康狀態不佳。曾患上心理疾病的人占兩成，是其他階級的三倍。其中不少人如此自述：「時常感到絕望」、「意志消沉，做什麼都提不起勁」、「覺得自己沒半點價值」。

1 本書引用各種統計數據，其中最重要的是二〇一五年的SSM調查，以及二〇一六年所進行的首都圈調查所得到的數據。SSM調查的正式名稱為「社會階層與社會流動全國調查」，是由專攻階級與階層研究領域的社會學者團隊主導，從一九五五年起每十年進行一次的研究調查。這項調查為了呈現出階級與階層間流動的實際狀態，詳細詢問了包括受訪者的原生家庭以及曾經從事過的每一項工作等細節。二〇一五年的調查是由科學研究費特別推進研究事業（課題編號二五〇〇〇〇〇一）的預算所支持進行的。二〇一五年的調查對象設定為二十至七十九歲的民眾，有效問卷計七千八百一十七份。本書引用數據已獲得二〇一五年SSM調查委員會的許可。二〇一六年首都圈調查是由筆者所帶領的研究團隊所實施，對象設定為二十至六十九歲居住於以東京都心為圓心，半徑五十公里所劃出的圓形區域內的民眾。有效問卷計兩千三百五十一份。這項調查為了彰顯階級落差與貧窮對人造成了何種影響，在問卷中特別就家庭經濟狀態、成員健康狀態、抑鬱不安與壓力等項目設計了許多相關問題。此調查的經費來自科學研究費補助金（基盤研究A　課題編號一五H〇一九七〇）的補助。另外，二〇一五年SSM調查的對象雖是從住民基本台帳隨機取樣，不過非日本國籍者會排除在調查對象之外。二〇一六年的首都圈調查，是從選舉人名簿中抽樣選出調查對象，對象皆為擁有日本國籍的民眾。

2 譯注：本書中所使用的單位「圓」皆指日圓。

能從旁給予支持的親友也很少。跟其他階級的人相比，底層階級的人身邊親近的人很少，他們很少參加社區活動和基於興趣而成立的集會以及同學會，過半數的人對於未來感到不安。

新下層階級的出現

過去提到資本主義社會的下層階級，指的都是無產階級，亦即勞動階級。自營業者之類的舊中產階級姑且不論，構成資本主義社會的主要階級，是包括經營者在內的資產階級、專業工作者與管理階層所構成的新中產階級，以及理所當然位於最下層的勞動階級。

然而雖說經濟不景氣導致整體所得水準有所下滑，勞動階級中從事典型勞動的人卻提高了所得，這使他們看起來更像是新中產階級。勞動階級內部出現巨大的裂縫，非典型勞工被排除在外，跌落至最底層。於此，新的下層階級，也就是底層階級便誕生了。

「底層階級」這個詞彙並非筆者自創，對此筆者會在第二章詳細論述，不過這個詞很早以前便已用於階級研究與貧窮研究的領域中，其用法依時代與論述者詮釋角度而有所不同，但所指對象皆是那些永久陷入難以掙脫貧困狀態的群體。

美國與英國的大都會中聚集著大量的失業者、就業不穩定的人以及少數族裔的貧困階層。與其不同的是，日本直到最近都未出現這種現象。不過，在階級落差逐漸擴大的趨勢中，日本也出現了與典型勞工有顯著差異的底層階級，他們占了整體就業人口的百分之十五，已足以成為階級結構中重要的一環了，正因為如此，筆者才會主張「新階級社會」已經出現。

第一代飛特族邁入五十歲

底層階級的人口增長始於一九八〇年代末的泡沫經濟時期。社會的勞動力在泡沫經濟的背景下需求大增，而企業為了管控成本，不僅透過典型雇用的方式來獲取勞動力，同時擴大雇用非典型勞工來進行調節。在這種情況下，許多應屆畢業的年輕人也加入學生打零工、兼職主婦與退休後返聘這種向來是人生某一過渡階段限定的非典型勞動型態。飛特族這個名詞就是在這個時期開始被拿來指涉年輕人。泡沫經濟的破滅更深化了這樣的現象，繼而不良債權問題讓社會陷入長期不景氣，導致非典型勞動成為了常態。

正如許多調查結果所顯示的，人要脫離飛特族的狀態至為困難。日本的企業通常不會錄取中途離職的人，若在這種情況下成為飛特族，就會很難再重新找到正職。特別是超過三十歲的人，幾乎不可能逃脫這種困境。因此，飛特族們就會一直維持下去直至進入中高年。

過了大約三十年，那群飛特族的先驅，曾經的年輕人們來到了人生半百的階段。他們之中多數人至今不具備正職工作的經驗，或者僅做過一段時期。這群年輕人三十年來持續被社會排除在外。再加上那些經歷離異或喪偶，身分從家庭主婦轉變為非典型勞工的單身女性們，形成了人口龐大的底層階級。孕育出底層階級的社會結構，已經深深扎根於日本社會難以拔除了。

若放任現狀繼續發展置之不理，日本社會無疑將會面臨危機。那麼該如何行動以避免這種情況發生呢？這可以說是現代日本人所面臨到的最重大的課題。

本書主要引用了量化的統計數據，希望能呈現出新階級社會的結構與動態，還有底層階級的嚴峻處境。同時也想說明，底層階級愈來愈龐大的日本社會將面臨多麼困難的挑戰。以及若還有一絲希望該上哪裡去尋找。或許無法提出令人滿意的解答，但筆者願盡一己之力在書中提出自己的觀點。儘管這些資料看了苦澀而沉重，還望讀者們都能看到最後。

另外必須說明的是，本書由於聚焦於底層階級，對於和其他四個階級之間的階級落差只有最低限度的提及。但這不表示筆者認為可對該階級落差視而不見。關於涵蓋這四個階級落差的綜觀論述，可參考筆者拙著《新·日本階級社會》（講談社現代新書）。[3]

3 本書為了突顯五十九歲以下的底層階級與六十歲以上的差異，拉寬了採用數據的年齡層；並為了迴避誤解，將一部分變數呈現出極端數值的對象排除在外。因此所採取的統計方法與前著有若干差異。讀者或許會發現，一些同樣的統計項目卻在不同地方出現不同的數據。特別是第四章，因為不計入六十歲以上的數據，而與第三章所呈現出來的數字有顯著不同。這點請容筆者事先說明。

第一章——新階級社會誕生了

一、「貧窮」的境界

所謂貧窮率，顧名思義指的就是一個社會中的貧窮人口所占全體人口的比例。根據厚生勞動省[1]的統計，二〇一五年日本的貧窮率為百分之十五・六（出自〈平成二十八年　國民生活基礎調查概況〉）。回顧一九八五年的數字（百分之十二），可知貧窮率在這三十年間升高了百分之三・六。前一回在二〇一二年所進行的調查，取得的數字為百分之十六・一，相較之下雖有小幅下降，整體而言仍屬偏高。與經濟合作暨發展組織（ＯＥＣＤ）的調查報告進行跨國比較，日本的貧窮率大幅高於成員國的平均數字百分之十・四，僅次於墨西哥、美國、土耳其、愛爾蘭，排名第五，在已開發國家中只比美國低。

日本人口約為一億二千六百五十萬，百分之十五・六的貧窮率意味著貧窮人口約為一千九百七十萬人。這數字非比尋常，然而對此有實際感受的人應該不多吧。

這也其來有自。陷入貧窮的風險，受到包括學歷、年齡、性別、職業、所屬企業規模與居住地等變數影響，差異性相當巨大，本書讀者絕大多數應該都是擁有大學文憑，也就是貧窮風險指數相對較低的族群吧。再說我們平時工作上接觸往來的對象，也幾乎限於學歷相等、職業相似的人，要不就是近鄰的人。擁有學士學歷同時任職於大企業的白領、居住於市郊獨棟透天厝等，這類身處低貧窮率群體的人，對貧窮階級增加一事無感，也並不令人感到意外。

圖表1-1是將貧窮率以性別、學歷以及年齡等變項加以區分所統計出來的結果。[2]首先請看男性這張圖表，在二十歲世代的這個區段，無論是否有大學文憑，

1 譯注：相當於台灣的衛生福利部。

2 本書將貧窮線（計算貧窮率的基準）設定為一百六十．六萬圓。這是從二〇〇二年就業結構基本調查的回收問卷資料中計算出來每人可支配所得中位數（三百二十一．二萬圓）的二分之一。本書主要引用的兩項統計調查所算出的每人可支配所得中位數：二〇〇五年與二〇一五年SSM調查皆為三百萬圓；二〇一六年首都圈調查為四百萬圓。但仔細檢視結果，前者的取樣對象多屬高所得階層，也沒有家戶所得的數據，可判斷得出的中位數偏低；而後者的取樣對象則多

圖表 1-1 ▼ 從性別、學歷與年齡等變項看貧窮率

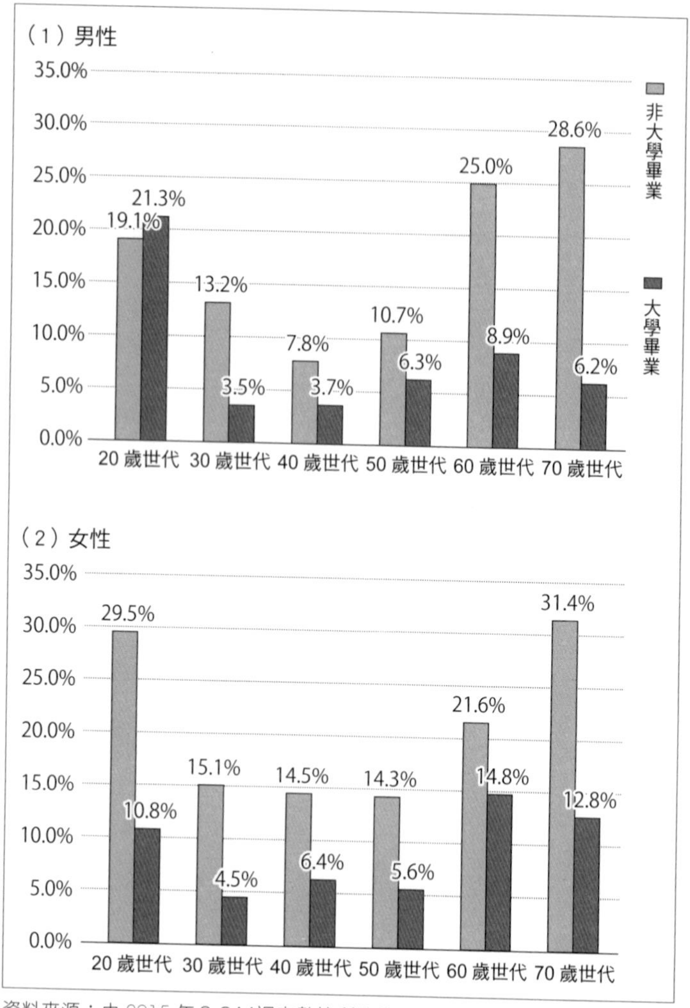

資料來源：由 2015 年ＳＳＭ調查數據所統計而得。

貧窮率都偏高。雖然差距甚小，但擁有大學文憑者的貧窮率意外地比沒有的人來得高，猜想應該是包含了獨居學生與飛特族在內。[3]然而從圖表中也可以看到，一旦進入三十歲世代，擁有大學文憑者的貧窮率，就驟降到百分之三左右，幾乎可以說與貧窮無緣。而後數字雖隨著邁入高齡逐漸上升，但仍遠低於百分之十。相較之下，無大學文憑者雖在三十到五十歲世代的貧窮率偏低，一旦進入六十歲世代卻飆高到百分之二十五，到了七十歲世代更高達百分之二十八・六。這是因為兩者能領到的年金額度差距甚大，也導致彼此的老後生活大不相同。

女性的圖表可見學歷所導致的落差也極為顯著。擁有大學文憑的女性貧窮

集中於東京都心，得出的中位數應該偏高。因此，筆者決定採用調查取樣對象的回覆率較高，且算出的所得中位數介於兩者之間的就業結構基本調查數據。結果算出來的貧窮率，與OECD及厚生勞動省所公布的數字幾乎相同。另外，二〇〇二年就業結構基本調查的回收問卷資料所使用的是經一橋大學經濟研究所附設社會科學統計情報研究中心加密處理過的微觀數據。

3 本書基本上將學歷分為國中、高中與大學（含短期大學、高等專門學校、研究所），以調查對象最後就讀的學校為判定基準。因此即便仍在學或者休退學，只要有念過大學就將其視為大學畢業。

率，在三十到五十歲世代的區段跟男性一樣偏低。邁入高齡後，由於離異或喪偶的因素導致貧窮率稍微偏高，但也未超過百分之十五。相較之下，無大學文憑者的女性貧窮率，在二十歲世代接近百分之三十，三十到五十歲世代在百分之十五上下，進入六十歲世代這個區段便大幅飆升，最後在七十歲世代到達百分之三十一．四。

如圖表所示，貧窮率會依學歷與年齡而產生相當大的差距。每個人都會變老，透過這個數據多少能讓我們預想未來的生活。比方說無大學文憑者看了數據後，某種程度上應該能想像得到自己的老後生活。不過對擁有大學文憑的人來說，或許不太能想像無大學文憑的高齡人過的是何種貧窮生活吧。而貧窮率也會依性別有所不同。若是夫妻同住的家庭，共同負擔家計的夫妻二人貧窮率會是一樣的。然而實際上也存在著獨居家庭或單親家庭，這些類型的戶長往往都是女性。再者男性和女性的工資水平與老後所領的年金額度也不同，因此貧窮率便會出現落差。

社會學者吉川徹特別關注這個問題，他將當下五十九歲以下的世代，以㈠有無大學文憑；㈡出生於一九七五年以前或以後；㈢男性或女性三個條件分為八種類型（２×２×２），分析各類型間的差異。結果發現一個非常嚴峻的序列結構：大學畢業的壯年男性占據頂點，而無大學文憑者的年輕男性占據底層。由此吉川提出了「斷裂社會」的概念（出自《日本的斷裂》），主張日本社會已經被學歷、出生世代與性別這些即使想要改變也無以更動的屬性切斷而裂解。年齡與性別所導致的差異，是論述本書主題「底層階級」至關重要的概念，筆者在後面還會特別提出。

二、居住地區與經濟落差

居住地區所造成的差異也很大。以東京都二十三區為例，位居都心的中央區、千代田區、港區及澀谷區住著許多高所得者。都心西側的目黑區、世田谷區、杉並區等地同時住著中、高所得者；反之在都心東側的足立區、葛飾區、荒川區與江戶川區等地則住著許多低所得者。從納稅義務人的人均所得來看，最高的是港區的六百四十七．七萬圓，千代田區五百五十．三萬圓居次；最低的是足立區的一百六十一．五萬圓，其次是葛飾區一百六十八．七萬圓。港區與足立區之間有著多達四倍的落差（根據總務省《市町村稅課稅狀況調查》算出二〇一六年度的年收）。每個行政區之內也存在著落差，即使在最富裕的港區，年收未滿一百萬圓的家庭也有百分之二．一，一百萬以上未滿二百萬圓的家庭占百分之五．九（出自《住宅．土地統計調查》二〇一三年）。

貧窮階層逐漸蔓延至每個角落

不妨再將範圍稍微擴大一些。筆者使用把東京都心半徑六十公里範圍中的每平方公里劃為一個網格單位的國勢調查統計資料，將人民平均所得的推算結果以

地圖形式表現為圖表1-2a。[4]由於人口稀疏的地區在估算上會有較大誤差，所以筆者將人口未滿一百人的網格（皇居周

4 推測方法如下所述。首先得到二〇一三年「住宅・土地統計調查」中，以東京都心為圓心，半徑六十公里範圍內的一都四縣（茨城、千葉、埼玉、東京、神奈川）之各市區町村的平均家戶所得。搭配二〇一〇年「國勢調查」取出的幾個變數（職業、擔任職位、雇用型態、學歷、年齡的組成比例）當成自變量建立迴歸模型（判定係數為〇・八一四）。接著再以這個模型，推測出各個網格單位的家戶平均年所得。

圖表1-2a ▼ 首都圈家戶平均所得推測值（以每平方公里為單位，2010年）

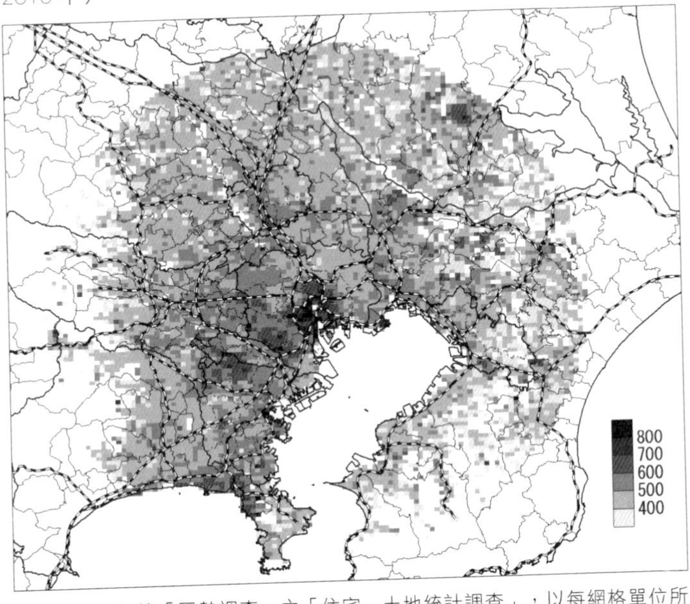

資料來源：根據「國勢調查」之「住宅・土地統計調查」，以每網格單位所得推算。

圍、山區與河川沿岸等）以空白呈現。

平均年所得較高的區域，首先是以皇居為中心的都心，超過八百萬圓或七百萬圓的地區緊鄰排列。其次相當引人注目的地區則是以超高級住宅區聞名的世田谷區的成城、瀨田、野毛、等等力直至大田區田園調布這塊帶狀區域；川崎市北部與橫濱市中心地帶、鎌倉市周邊；從東京延伸至浦安市的部分灣岸地區以及筑波學園都市等區域。相對的，從東京都二十三區的東北部到埼玉縣東部，以及東京都心方圓三十公里以外的邊緣區域，平均所得普遍偏低。不過，ＪＲ[5]沿線地帶的所得水準稍高。當然，所得水準較高的地區，住著較多擁有大學文憑的人；反之所得水準較低的地區，其住民多為無大學文憑者。

而由於貧窮率日漸增高，貧窮階層已在某種程度上散落分布至社會每個角落，但依舊可觀察到他們具有集中到某些特定地區的強烈傾向。圖表 1-2b 根據相同方式推算出各地區網格單位中，平均年所得未滿二百萬圓的比率，並將結果以地圖形式呈現。[6]雖然得出的結果並非貧窮率，仍可視為與之相當接近的指標來觀察。貧窮率較高的地區分布於接近圓周的邊緣地帶，其中多為遠離JR沿線的地區。

不過邊緣地帶之所以高貧窮率是因為其人口原本就少，又有相當比例的高齡人口，故而導致其平均年所得未

5 譯注：日本鐵道公司，為日本國鐵民營化後的鐵路集團，東京都內主要營運路線包括山手線、中央線等。

6 和家戶平均年所得的推測方法相同，使用「住宅・土地統計調查」與「國勢調查」的數據。迴歸模型的判定係數為〇・六一九。

圖表 1-2b ▼ 首都圈年所得未滿 200 萬圓的戶數比例推測值（以每平方公里為單位，2010 年）

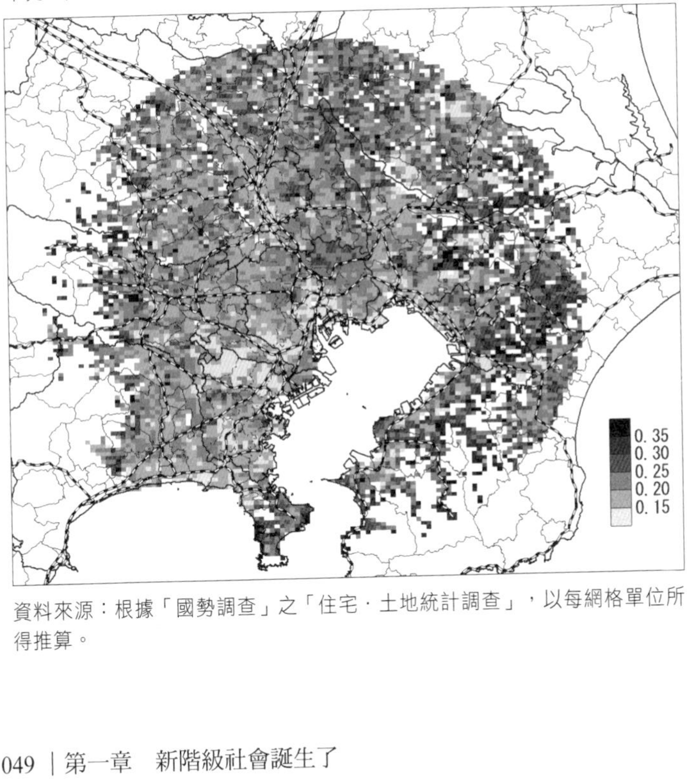

資料來源：根據「國勢調查」之「住宅・土地統計調查」，以每網格單位所得推算。

滿二百萬圓的戶數比率偏高。

一個地區的貧窮階層所占比率高和貧窮階層人數多，是必須分開討論的兩個概念。將年所得未滿二百萬圓的戶數比例推定值乘以人口數，可得到貧窮人口的概略分布，也就是圖表 1-2c 所呈現的樣貌。瀏覽圖表可知貧窮階層所分布的地區如同包圍住山手線外側般，西側是山手通與環狀七號線，北側與東側則集中於明治通與環狀七號線通過的地帶。橫濱市

圖表 1-2c ▼ 首都圈年所得未滿 200 萬圓的戶數比例推測值（以每平方公里為單位，2010 年）

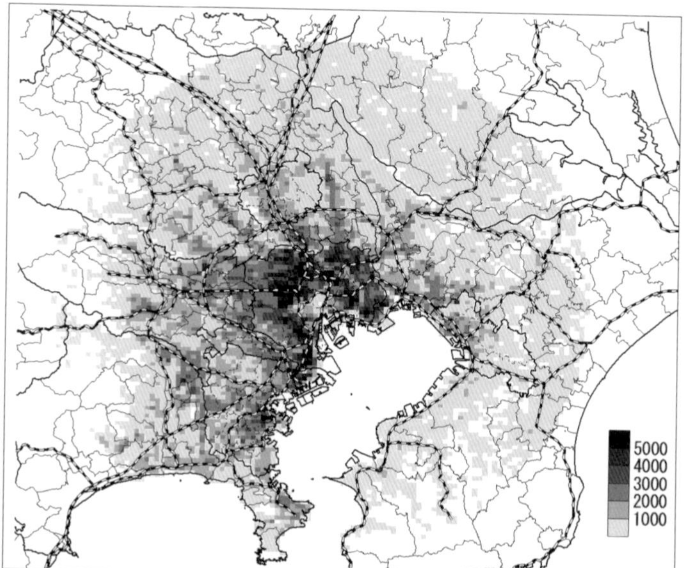

資料來源：根據「國勢調查」之「住宅．土地統計調查」，以每網格單位所得推算。

圖表 1-3 ▼ 人口在 4000 人以上，推測年所得未滿 200 萬圓的戶數比例超過 30%的網格區域（以每平方公里為單位，2010 年）

所在市町村與主要設施	推測年所得未滿 200 萬的家戶數比例	家戶平均年所得推定值（萬圓）
茨城縣筑波市（大學學生宿舍）	34.8%	318.9
神奈川縣橫濱市（廉價旅館）	33.9%	418.0
東京都八王子市（都營住宅）	33.9%	330.8
東京都昭島市（公營住宅）	33.3%	312.1
東京都足立區（都營住宅）	32.7%	346.9
神奈川縣橫須賀市（公營住宅）	32.4%	343.8
東京都武藏村山市（都營住宅）	32.4%	338.7
神奈川縣秦野市（都市再生社區住宅）	31.9%	300.6
東京都新宿區（歌舞伎町）	31.6%	457.3
東京都足立區（都營住宅）	31.4%	362.7
神奈川縣大和市（公營住宅）	30.5%	328.1
千葉縣我孫子市（都市再生社區住宅）	30.3%	324.9
神奈川縣橫濱市（狹小住宅密集區）	30.2%	414.0
神奈川縣橫濱市（公營住宅）	30.0%	351.2

資料來源：根據「住宅．土地統計調查（2013 年）」與「國勢調查（2010 年）」的統計資料進行推測。

註：此為以每平方公里為單位所推算得出的數據，並非所在市町村全體的年所得。

與川崎市的中心地帶也有貧窮階層居多的區域。

讓我們更仔細地檢視數據。圖表1-3所呈現的是人口達四千人以上的網格區域中，推測年所得未滿二百萬圓的戶數比例特別高的幾個。最高的大學宿舍與次高的廉價旅館密集地區情況稍微特殊，其他許多都是公營及UR（都市再生機構）的社區型住宅區，或狹小木造建築密集的木造住宅區。貧窮階層的人口密集地聚集於這樣的狹小區域，正是這些區域以外的人看不見貧窮的原因之一。

三、所屬階級與落差

關係到一個人是否陷入貧窮狀態的重要因素就是其從屬的階級。筆者在序章曾稍微提過關於構成現代社會的階級結構，在此則進一步整理如下。

所謂階級，指的是依照經濟地位的不同而加以區分出來的各個群體（grouping）。此處提到的經濟地位，是根據人們所擁有的經濟資本種類與數量之不同而決定的。在現代的階級理論中，經濟資本分為三種：生產工具、在組織內所占據的地位，以及專業技能和證照資格。[7]

經濟資本中最為重要的就是生產工具。生產工具指的是進行生產活動時必不可缺的工具、機械、建築物與原料等。資本主義社會的特徵之一在於其與農民與工商自營業者人口占多數的前近代社會不同，大部分的生產工具皆集中於少數人的手裡，這些擁有生產工具的人稱為資本家，由資本家所組成的階級稱為資產階級。反觀剩餘的大部分人，並沒有生產工具。因此，他們只能對資產階級提供勞動力換取工資營生。亦即，在資本主義社會，勞動力是能夠用金錢交易的一種商品。就這樣，那些販賣自己勞動力的人是為勞工，由勞工所組成的階級稱為勞動階級。

7 與階級相關的理論問題，請參見橋本健二，《階級社會》（講談社，二〇〇六）

然而隨著資本主義日漸發達，生產活動的規模愈來愈大，資產階級再也無法親力親為去處理像是監管勞工、設計工序並管理等工作，便被委派給了一部分的勞工。這些勞工或是因而在企業組織內部被賦予一定程度的地位，或是因為本身所擁有的專業技能與證照資格而獲得擔任此種職位的機會。換句話說，儘管這些管理職的勞工是藉由販賣自己的勞動力換取工資，但從工作內容來看，他們所擔任的角色更近似於資本家。故而這群人被稱為中產階級，亦取其隨資本主義發展而衍生出來的新階級之意而稱為新中產階級。

另一方面，即便資本主義再怎麼發達，自前近代社會便已存在的農民階層與自營業者也不會消滅。這群人所擁有的生產工具極為有限，他們或是自己一個人，或是動員為數不多的家人一起維持生計。以擁有生產工具這點來看，這群人與資本家是一樣的，然而從自行使用生產工具來進行勞動這點來看，這群人又跟勞工沒兩樣。於是這群人也是中產階級，由於他們是前近代社會便已存在的老舊階級，也可以稱為舊中產階級。

如上所述，四個階級間的相互關係可以圖表化為圖表1-4。左側為資本主義世界中的三種階級——資產階級、新中產階級與勞動階級。與之相對位於右側的則是從事自營業的舊中產階級。這四種階級之間形成落差嚴峻的結構。不如說，現代社會的落差結構就是以這四種階級為基礎而形成的，圖表1-5正展示了這樣的結構。[8]

---

8 為了能以實際數據闡明各階級的性質，有必要先用職業類別、擔任職位、企業規模等屬性將四個階級區分開來。本書使用下列方式，區別四個階級。
資產階級：擔任員工五人以上企業的經營者、董事、自營業或家族企業。
新中產階級：擔任專業職、管理職或事務職的受雇者（女性與非典型勞動型態的事務職除外）。
勞動階級：從事專業職、管理職或事務職以外的受雇者（含女性與非典型勞動型態的事務職）。
舊中產階級：擔任員工未滿五人公司的經營者、董事、自營業或家族企業。
之所以會將資產階級與舊中產階級之間的分界設定為員工五人以上或未滿五人，首要原因是此前許多以企業為對象的統計調查皆將調查對象設定為企業規模五人以上，而這也符合社會對於企業為五人以上事業體的普遍認知；再者，從數據上審視也可明確得知，經營者與自營業者的所得與實際生活情況都以員工五人為界而呈現相當大的差異。此外，將男性事務職歸類在新中產階級、女性事務職歸類在勞動階級，是因為尤其在日本，由於職務編制上的人事制度而致使男性多擔任綜合職位、女性多擔任普通職位，兩者在職務、職涯甚至薪資上都出現很大的差距。

圖表 1-4 ▼ 現代社會的階級構造

資產階級
經營者、董事

新中產階級
受雇的管理階層、專業工作者、
高級事務職員

勞動階級
受雇的一般事務職員、銷售員、
服務員、體力勞動、其他勞工

舊中產階級
自營業者
家族事業

圖表 1-5 ▼ 各階級的規模與階級之間的經濟落差

	資產階級	新中產階級	勞動階級	舊中產階級	合計
人數（萬人）	254.4	1285.5	3905.9	806	6251.8
組成比例（%）	4.1	20.6	62.5	12.9	100.0
平均年齡（歲）	54.5	44.5	46.8	59.1	48.7
女性所占比例（%）	35.2	36.8	57.1	39.4	47.8
個人年所得（萬圓）	604	499	263	303	349
家戶年所得（萬圓）	1060	798	564	587	663
資產總額（萬圓）	4863	2353	1582	2917	2211
貧窮率（%）	4.2	2.6	12.2	17.2	9.8
「中上」意識（%）	56.2	42.8	24.5	31.0	32.1
「下流」意識（%）	10.1	10.5	25.2	22.9	20.1

資料來源：人數和組成比例的資料根據「就業結構基本調查（2012年）」推算得出。年齡一項包含所有年齡層，不包含在學者在內。組成比例的母體參數不包含從事行業與職業類別不明的個體。其餘項目根據2015年SSM調查資料得出，年齡範圍20至79歲。
注：「中上」意識與「下流」意識：先將意識區分為「上」、「中之上」、「中之下」、「下之上」、「下之下」；「中上」意識是「上」與「中之上」的合計，「下流」意識是「下之上」與「下之下」的合計。

過去的落差結構

資產階級的人數為二百五十四．四萬人，占就業人口百分之四．一；平均年齡為五十四．五歲。其中令筆者大感意外的是女性占比達百分之三十五．二，不過這應該是許多個案在丈夫經營的微型企業擔任董事的緣故。個人年所得六百〇四萬圓雖是四種階級裡最多，但按經營者的標準來看不算太高也是因為這個原因，將男女所得分開檢視可知，男性年所得七百八十一萬圓與女性的二百九十六萬圓之間有著巨大的差距。這是因為微型企業經營者的妻子表面上雖掛著董事的頭銜，實際上很多人並沒有領到相對應的報酬。因此若要準確觀察這個階級的富裕情況，必須看家戶年所得（平均一千〇六十萬圓）這項數據。再看到資產總額四千八百六十三萬圓這一項，也和其他階級之間有著相當大的落差，而這個階級的貧窮率低至百分之四．二。有百分之五十六．二的人認為自己處於整個社會的「中上」；僅有區區百分之十．一的人認為自己位居於「下」（懷有

「下流」意識的人）。

新中產階級的人數為一千二百八十五．五萬人，約占整體百分之二十．六。平均年齡四十四．五歲，其中女性占比百分之三十六．八。從個人年所得四百九十九萬圓與家戶年所得七百九十八萬圓來看，雖與資產階級拉開了不小的差距，但仍可算是富裕。這個階級的貧窮率僅百分之二．六，幾乎與貧窮無緣。只是資產總額二千三百五十三萬圓這樣的數字也無法說很高，還不到資產階級的一半，甚至不敵舊中產階級。這個階級有百分之四十二．八的人認為自己位居「中上」，懷有「下流」意識的人占百分之十．五。

勞動階級有三千九百〇五．九萬人，占全體百分之六十二．五，是最為龐大的階級。平均年齡四十六．八歲，女性占百分之五十七．一，人數比男性還多。個人年所得為偏低的二百六十三萬圓，約為新中產階級的一半。不過家戶年所得五百六十四萬圓還算夠水準。關於這點，筆者會在下一節中詳加說明。資產總額為相當低的一千五百八十二萬圓，貧窮率為稍微偏高的百分之十二．二。而認為自己位居社會「中上」的人僅百分之二十四．五，有百分之二十五．二的勞動階級懷有「下流」意識。

舊中產階級有八百〇六萬人，占整體百分之十二．九。平均年齡為歲數偏高的五十九．一歲，女性人口占了這個階級的四成。個人年所得三百〇三萬圓與家戶年所得五百八十七萬圓，這兩項數字皆比勞動階級還多，但差距不大。不過自營業者多擁有不動產，反映在資產總額二千九百一十七萬圓上面，算相當不錯。但舊中產階級內部的落差也非常大，有許多個案胼手胝足努力維持營運，過得十分辛苦，其貧窮率百分之十七．二是相當高的數值。認為自己位居社會「中上」的人有百分之三十一，僅稍高於勞動階級。

附帶一提，整體的貧窮率百分之九．八，比厚生勞動省所公布的二〇一五年數字百分之十五．六還低，這是因為此處所列的四個階級皆為就業者所組成，失業者與無業者並不包含在內。

四、典型與非典型之間的高牆

關於四個階級之間的經濟落差，前面已概略討論過，但仍有某些覺得不太對勁的地方，那就是勞動階級的所得以及貧窮率。個人年所得二百六十三萬圓，明明只是高中畢業生第一份薪水的程度而已，為何家戶所得卻超過這個數字的兩倍來到五百六十四萬圓？為何個人所得與家戶所得均少於舊中產階級，貧窮率卻只有百分之十二．二？

那是因為勞動階級是由數個性質各異的群體所組成的。

首先是典型勞工與非典型勞工間的差異。整個勞動階級雖有三千九百〇五．九萬人，但其中包括了典型勞工二千一百九十二．五萬人與非典型勞工一千七百一十三．五萬人，兩者比例為五十六比四十四，並不算太大，然而工資全然不在同一個水平上。前面所提到的個人年所得、家戶年所得與貧窮率等數字，都是將兩者混合起來計算的結果。

其次，即使同樣是非典型勞工，兼職主婦與其他勞工間的差異也很大。通常兼職主婦（此處指的是擁有配偶的非典型勞工）是為了貼補家計而工作，家庭的主要支出是由丈夫來負責。因而即便當事人屬於支領時薪九百圓的低薪勞工，也不一定處於貧窮狀態。儘管當事人收入少，但整體家計仍不虞匱乏，這樣的情況並不罕見。然而兼職主婦以外的人，也就是男性與單身女性的非典型勞工，有很高的可能性在領著低工資的同時還得承擔家計，想當然非常容易陷入貧窮狀態。

再者就是是否領有年金。近年來即使到了可以領取年金的年齡仍舊繼續從事非典型勞動的人口變多了。這些人是想透過非典型勞動的所得來填補年金的不足，因此他們的收入比其他世代兼職主婦以外的非典型勞工多，陷入貧窮狀態的風險也不那麼高。

勞工之中，生活過得最苦的是那些人？

筆者將勞動階級再細分成幾個群體，以圖表1-6來呈現各自的經濟狀態。

典型勞工的平均年齡為四十一．九歲，相當年輕。個人年所得為三百七十萬圓，大約是整體勞動階級的一．四倍，也較舊中產階級來得高。家戶年所得六百三十萬圓也高於舊中產階級。雖不至於說資產多是因為年輕，不過貧窮率只有百分之七的這個群體，陷入貧窮狀態的風險確實比較低。

兼職主婦的情況又是如何呢？她們的平均年齡為五十．四歲。個人年所得為偏低的一百一十六萬，但這主要是因為多數人付出的工時較短。而家戶年所得六百萬圓這樣的數字並不亞於典型勞工。附帶說明一下，這個群體的丈夫平均年所得是四百四十三萬圓。資產總額相當高，有一千九百五十四萬圓。貧窮率為百分之八．三，並不算高。

最後是兼職主婦以外的非典型勞工。這個群體的平均年齡為歲數稍高的五十二・一歲，個人年所得二百二十七萬圓，只有典型勞工的六成而已。家戶年所得也低至三百九十一萬圓。資產總額雖與典型勞工相去不遠，但百分之二十七・五的貧窮率卻相當高。

然而這群非典型勞工之中還包括了受領國民年金的人。將領年金的人與除此之外的人再進行區隔，可發現兩者的經濟狀態大有不同。

圖表 1-6 ▼ 勞動階級內部的落差結構

	平均年齡（歲）	個人年所得（萬圓）	家戶年所得（萬圓）	資總額（萬圓）	貧窮率（%）
典型勞工	41.9	370	630	1428	7.0
兼職主婦	50.4	116	600	1954	8.3
兼職主婦以外的非典型勞工（全體）	52.1	227	391	1467	27.5
兼職主婦以外的非典型勞工（年金受領者）	66.8	257	410	1825	18.5
兼職主婦以外的非典型勞工（年金受領者除外）	41.9	207	374	1179	35.6

資料來源：根據 2015 年ＳＳＭ調查數據算出。年齡範圍 20 至 79 歲。

領取國民年金的群體，可想而知平均年齡為歲數偏高的六十六・八歲。個人年所得二百五十七萬圓，比排除兼職主婦後的非典型勞工整體平均還高，但這份所得包含了年金在內。年金所得為一百二十九萬圓，平均每個月約十一萬圓，不過因為比基礎年金（最高額度為每月六萬五千圓左右）來得高，可得知群體中包含了過去曾任正職，因而可領取厚生年金的人。然而這種程度的收入要過生活還是很不容易，再加上約莫相同金額的非典型工資收入才姑且維持了家計。百分之十八・五的貧窮率稍微偏低，但換個角度想，若這群人少掉了從事非典型勞動所賺取的工資就會陷入貧窮。

那麼非國民年金受領者是什麼情況呢？平均年齡為偏低的四十一・九歲。個人年所得也是偏低的二百〇七萬圓，家戶年所得也僅有三百七十四萬圓。資產總額雖有一千一百七十九萬圓，但這是因為其中包含了擁有房產的人在內。若只看金融資產的話，則僅有五百五十八萬圓。貧窮率高達百分之三十五・六，是生活最為困苦的一群人。

五、底層階級出現之前

從上述內容可以逐漸明白哪些人在現代日本社會最有可能陷入貧窮。那便是兼職主婦以外，從事非典型勞動的男性與單身女性，其中又以五十歲以下相對比較年輕的世代過得尤其困苦。

這些人究竟為何走上這條緊鄰貧窮的道路？筆者認為主要的起源都是從泡沫經濟時期開始的。

一九八六年前後地價與股價開始急速飆升，日本迎來了泡沫經濟時期。從一九八五年到一九八九年，股價在短短五年內上升了二．九七倍。地價緊接其後也開始上升，在一九八九年的時間點漲了一．二八倍，在一九九一年的時間點漲了一．六二倍。以東京為中心的都會區平均漲了兩倍，都心的黃金地帶甚至漲了五到六倍。大企業的資產不斷膨脹，對設備投入了大筆資金，景氣非常蓬勃。

雖然整體因而擴大雇用勞工，其中卻存在著一些問題。石油危機後就業情況相當低迷，一九七八年（一至三月，以下相同）的有效職位供給率，兼職勞工為〇．九三倍；兼職勞工以外的一般勞工則低到〇．五二倍。後來情況日漸好轉，但相較於一般勞工的職位供給率小幅回升便停止，兼職的職位供給率卻持續爬升，在一九八〇年來到一．四三倍（同期的一般勞工為〇．七五倍）、一九八五年又升到一．五三倍（一般勞工為〇．六四倍）、一九八九年到達了三．七五倍（一般勞工為一．〇四倍）（引自二〇〇五年版《勞動經濟白書》）。正如筆者在序章所提到過的，企業為了縮減成本而調整勞動力的配置，開始依賴非典型雇用模式。這導致了一九八五年至一九九〇年這段期間典型勞工的人數增加至一百四十五萬人便止步，而非典型勞工增加了二百二十六萬人，首次超過所有受雇者（不含董事）的兩成。其中多數為女性，不過男性的非典型勞工也有顯著增加。到這個時期為止，男性的兼職打工人數開始超過以往非典型雇用的主流，也就是包含退休後再度就職的非正式、契約員工。非典型勞工在二〇〇五年為止的二十年之間，以每年平均四十七萬人的幅度持續增加。

什麼樣的人會成為非典型勞工？

瑞可利公司首次使用「飛特族」（フリーター）這個詞彙，是在一九八七年。最初使用的是將英語的「free」（フリー）與德語中原指勞工而後日語化為打工族含意的「arbeiter」（アルバイター）組合起來成為「自由工作者」（フリーアルバイター）一詞，後再經縮略而成「飛特族」。創造出這個詞彙的是當年瑞可利公司所發行的打工情報誌《From A》總編輯道下裕史，而據其表示「飛特族」這個詞擁有「正因認真思索過人生而決定不就業」與「為了實現夢想而必須確保能自由運用的時間，不從事固定工作但依舊為生活努力的人」這樣的含意，希望能為《From A》重要的讀者加油打氣（道下裕史《飛特族的創造者這麼說》）。瑞可利公司甚至在同一年發行了一部題名為《飛特族》的電影（由橫山博人執導），片中述說著「近來出現了用自由式在社會裡游泳的人」、「飛特族是超越打工族與正職員工，當今最先端的究極工作者」等，強調了對飛特族顯耀而明朗的印象。在這個時期一出社會便從事非典型勞動的年輕人被稱為飛特族第一世代。

一部分離開學校的年輕人以非典型工作者的角色進入就業市場，並且形成了這樣的趨勢。這個趨勢的高峰出現在被稱為就業冰河期的就業困難時期。在此便以就業情況急速惡化的二〇〇〇年為例吧。這一屆的大學畢業生共有五十三萬八千六百八十三人，但就業人數為三十萬六百八十七人，只占畢業生全體的百分之五十五・八。即便將繼續升讀研究所與臨床實習醫生從母數中扣掉，也只占百分之六十三・三。考察那些沒有就職的人發現，有二萬二千六百三十三人是按飛特族字面意思「從事暫時性工作」。既沒有升學也沒有就業的「以上皆非」，共有十二萬一千〇八十三人，其中許多是有打工的飛特族，或者沒有打工的「尼特族」。除此之外的「死亡或近況不詳者」有三萬〇六百八十八人，扣掉真正確認死亡的少數畢業生，其餘大多數沒有回繳升學調查問卷的人可以認定實際上不是飛特族就是尼特族。將以上調查中的飛特族與無業者人數加總起來，共有十七萬四千四百〇四人，占扣除繼續升讀研究所與臨床實習醫生的全體畢業生的百分之三十六・七。

接著再來看大學以外其他教育組織畢業生的數據。短期大學[9]畢業的飛特族與無業者有六萬一千四百六十一人（占扣除升學者的畢業生全體的百分之三十八・二）；高中畢業為十三萬三千〇七十六人（同前，占百分之三十五・五）；國中畢業有二萬〇三百二十九人（同前，占百分之六十・九），合計三十八萬九千二百七十人（同前，占百分之三十七・三）。雖說能完全信賴的統計並不存在，加上從大學、高中半途輟學與專業技術學校畢業的年輕人，其數字遠遠超過了四十萬人，恐怕逼近五十萬。

9 譯注：以訓練學生專業能力的大學附屬教育設施，就讀期間為兩年，類似台灣的二專。學業完成後取得的學位為副學士。

即便只看大學畢業生的數據，飛特族與無業者的比例在二〇〇四年以前便已超過三成，之後根據招募情況的不同而有變動，直到最近降低到兩成上下（二〇一七年低至百分之十一．六八）。從一九九〇年累積至今已超過三百萬人。這都是泡沫經濟時期、就業冰河期與其後所製造出來為數龐大的年輕非典型勞工。

離婚、喪偶的女性成為非典型勞工

還有另一群會成為非典型勞工的關鍵群體，那就是歷經離異與喪偶的女性。曾是兼職主婦的女性，若在經歷與離異或者喪偶後，依然繼續做原本的工作，身分就會從兼職主婦轉變為非典型勞工。而若是全職家庭主婦的女性，為了生計不得不找工作，多數也會成為非典型勞工。

圖表 1-7 從配偶關係的角度檢視女性就業率。首先審視總數的曲線，正如

我們所知道的，剛成為社會新鮮人集體就業的二十五到二十九歲是就業率的最高點，而後在經歷結婚與生產的三十歲世代開始下降。然後來到四十歲世代，許多女性開始打工或二度就業以致就業率再次上升，整條曲線呈現為M字型。然而就業率會因配偶關係的不同而有很大的變動。離異或喪偶的女性，其就業率扣掉年輕與老年的區段後較有配偶者來得

圖表 1-7 ▼ 從配偶關係與年齡看女性就業率

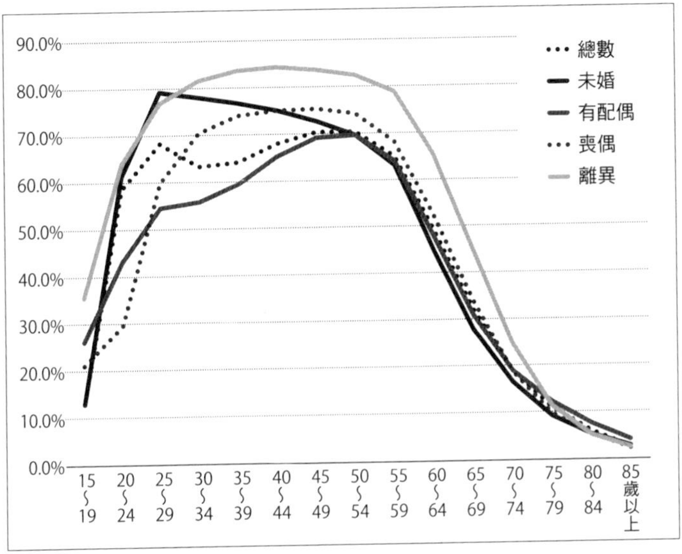

資料來源：根據「國勢調查（2015年）」製成。

高；特別是離婚的二十歲至三十歲女性就業率比有配偶者高了兩成以上。許多女性會以離婚為契機重返職場，但大多數應該都是非典型勞動。

根據以有小孩的女性為對象的厚生勞動省「全國單親家庭等調查」（二〇〇六年），在離異或喪偶成為單親媽媽之前沒有就業的女性中，有百分之六十八．二的人開始工作的契機就是因為家庭結構改變了。再詳細考察她們從事的工作，打工兼職占百分之四十九．四；派遣社員占百分之四．五；正職員工、作業員占百分之四十．九。單親媽媽家庭的女性從事打工兼職的平均年所得僅有一百三十三萬圓。

非典型勞工的處境一天天惡化

進入一九九〇年代以後，年輕人一離開學校就從事非典型勞動這種模式形成一股不小的潮流。而離婚的女性在一九九〇年代也大幅增加。雖說近年有稍微減少，但每年平均仍有超過二十萬對夫妻離婚，人數相當可觀（根據厚生勞動省「人口動態統計之年度推算」）。在這樣的背景下，兼職主婦以外的非典型勞工都在持續增加。這樣的態勢可以從圖表1-8看出。

非典型勞工的總數，在一九九二年有九百九十一．九萬人，

圖表 1-8 ▼ 從性別及配偶關係看非典型勞工的人數

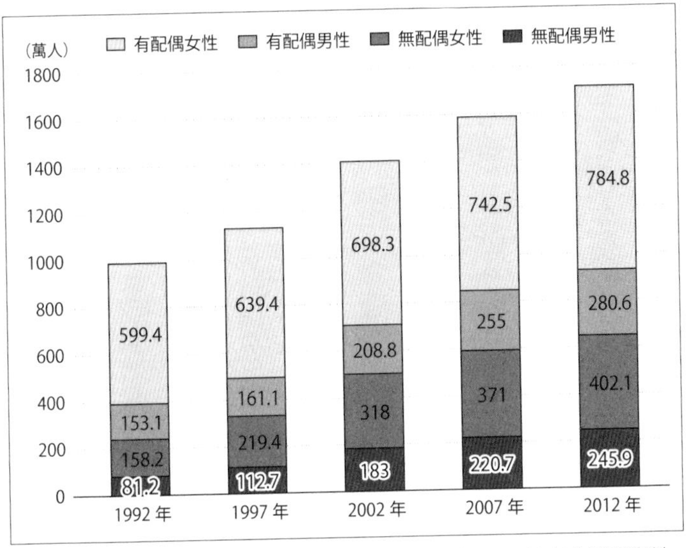

資料來源：根據「就業結構基本調查」，採用 1992 年至 2002 年的問卷資料，與 2007 年、2012 年所公布的統計結果。

注：在學者、專業職、管理職除外。包含職業類別不明的受雇者。問卷資料使用經一橋大學經濟研究所附設社會科學統計情報研究中心加密處理過的微觀數據。

之後每隔五年的數字依序為一千一百三十二·六萬人、一千四百〇八·二萬人、一千五百八十九·二萬人、一千七百一十三·五萬人。人數在二十年之間以相當快的速度成長了一·七三倍，占整體就業人口的比例從百分之十五·五增加到百分之二十七·四。兼職主婦（有配偶的女性）的人數在二十年間雖有增長，但僅上升了一·三一倍，占全體非典型勞工的比例從百分之六十·四下降到百分之四十五·八。人數大幅增加的是男性與無配偶女性，其中特別顯著的是無配偶男性的三·〇三倍與無配偶女性的二·五四倍，增長的幅度相當劇烈（有配偶男性為一·八三倍）。不含兼職主婦在內的非典型勞工人數為九百二十八·七萬人，從全體就業人口的百分之六·一成長到百分之十四·九，還超過了舊中產階級（百分之十二·九）。

而且，這些非典型勞工的處境正急速惡化。圖表 1-9 是將兼職主婦以外的勞動階級，以性別及是否為典型勞動進行區分，再觀察各自的經濟狀態變化。此處同時也將有可能受領年金的六十歲以上群體排除在外。

從個人年所得與家戶年所得這兩個項目來看，典型勞工的所得是增加的。在個人所得上，男性增加了十九・三萬圓，女性增加了十五・三萬圓。同樣地，在家戶所得上，男性增加了三十八・二萬圓，女性增加了十四萬圓。這個結果很令人意外。這是因為在與所得相關的各種統計所看到的，日本的勞動家庭所得，在一九九〇年代後半達到高峰後，便持續地下降。事實上，

圖表 1-9 ▼ 分裂的勞動階級

		2005	2015	增減
個人年所得（萬圓）	男性・典型	408.8	428.1	19.3
	男性・非典型	237.4	213.0	-24.4
	女性・典型	280.6	295.9	15.3
	女性・非典型	158.3	163.9	5.6
家戶年所得（萬圓）	男性・典型	571.7	609.9	38.2
	男性・非典型	460.7	383.8	-76.9
	女性・典型	687.1	701.1	14.0
	女性・非典型	356.0	302.8	-53.2

資料來源：根據 2015 年ＳＳＭ調查數據算出。年齡範圍 20 至 59 歲。兼職主婦不列入統計。

根據ＳＳＭ調查數據所統計出來的各階級平均所得，無論哪個階級的個人所得與家戶所得均大幅減少。勞動階級在不區分是否為典型勞動的平均統計上，也呈現大幅減少。然而只有典型勞工的所得增加，經濟情況有所改善。

那麼非典型勞工的狀況如何？只有女性的個人年所得稍微增加，其他均大幅減少。男性非典型勞工的個人年所得減少了二十四．四萬圓，家戶年所得更少掉了七十六．九萬圓。女性的家戶年所得也少了五十三．二萬圓，以比例來說，男性少了百分之十七，女性少了百分之十五。典型與非典型之間不僅所得差距甚大，其增減趨勢還朝著相反方向前進，落差愈來愈大。

這個圖表雖不包含六十歲以上的群體，但不表示六十歲以上的非典型勞工就過得很好。畢竟年金的平均額度僅一百二十九萬圓，光靠年金實在難以過活，因此應該有許多人不得不從事非典型勞動，其實際狀況將在第六章詳細說明。

綜合以上所敘述事實，筆者不得不說，如今還將勞動階級當成一個集合體，歸類成一整個階級去理解是有點脫離現實的。勞動階級已經分裂成典型勞工和非典型勞工兩種樣態各異的群體了。甚至可以大膽地說勞動階級已一分為二，日本的階級結構從四個階級演變為五個階級了。

本書將此處所提到的非典型勞工稱為「底層階級」。筆者在下一章會說明底層階級這個概念的生成背景，以及將非典型勞工稱為底層階級的深層原因，並在這個基礎上將日本社會的此般變化定位為「新階級社會」的誕生。

第二章——何謂底層階級？

一、底層階級帶來的巨大衝擊

那是一篇令人感到莫大衝擊的報導。一九七七年八月二十九日出版的美國新聞週刊《時代》雜誌刊登了一組封面故事（Cover Story，登上封面的專題報導）。封面上用加大字體寫著「少數中的少數——美國的底層階級」，位於其下方的是九名神情茫然而憂愁的黑人與西班牙裔移民（請見圖表2-1）。而在〈美國的底層階級：富裕國度裡的極度貧窮與絕望〉這篇報導中，記者針對生活於美國大都會地區的底層階級做出了如下描述：

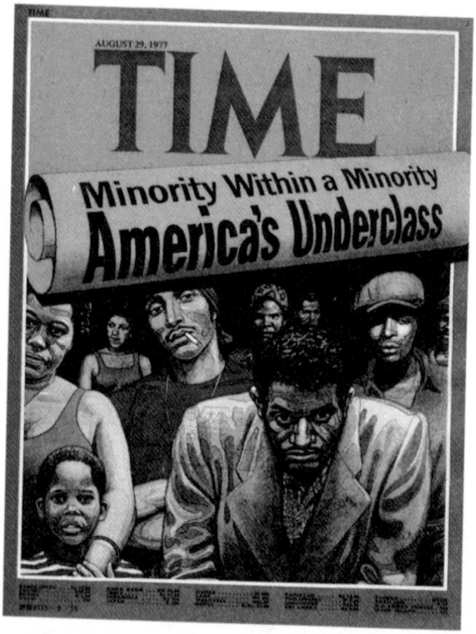

圖表 2-1 ▲ 將底層階級做成封面故事的《時代》雜誌

在行將頹傾的牆壁另一側，生活著一大群正處於常人難以想像的嚴峻處境，遭到社會系統性的排擠而懷抱敵意的人。他們是難以觸及的存在，美國的底層階級。

（中略）底層階級的成員雖跨越所有的種族，居住於許多地區，但其大部分都是為奴隸制度的遺害以及歧視所苦，生活於都市地帶的貧窮黑人。底層階級的世界充滿著不值錢的破爛，像是朽壞的住居、破損的家具、劣等的食物，以及酒精和藥物。他們遭到雙重意義上的摒棄，其一是富裕的多數，其二則是為晉升到中產階級而萬般辛勞，即便自己過得苦也要讓下一代有機會翻轉人生的黑人與西班牙裔移民。底層階級的人們同時是街頭上賭博、貪小便宜、竊盜，以及充斥著凶殘犯罪的文化中的加害者與被害者。

這些男男女女身處於毫無希望的環境，養成了本質上與多數人以及各階層中的大部分人完全不同的價值觀。因此作為少數族裔的底層階級在美國出現了青少年犯罪、輟學、吸毒、接受政府補助的單親家庭、各種成年人犯罪、家庭崩壞、都市衰敗以及社會支出需求等不和諧問題。

當然，底層階級（underclass）這個詞彙，並不是《時代》雜誌創造出來的。這個詞彙只是單純地將 under 與 class 連接在一起，過去人們也曾以「下層階級」之意使用過，最久遠可追溯至一九二六年，德國哲學家馬克思·謝勒（Max Scheler）在《知識社會學》一書中，論述了上層階級（Oberklasse）與下層階級（Unterklasse）思維方式的不同。然而，最早以「出現於現代社會的新下層階級」這層意義來使用的是出身於瑞典的經濟學者貢納爾·默達爾（Gunnar Myrdal），只是他的用法是加了連字號的 under-class。

底層階級的增加將對民主主義帶來威脅？

莫達爾將他一九六二年在加州大學的演講內容彙整成書出版，書名為《挑戰富裕》。書中他全面性地探討了美國經濟的問題，尤其是前四章，他談論了失業與貧窮的問題，主要論點如下。

美國的失業率逐步攀升，究其原因，是技術創新導致了勞動力供需的失衡。人們對美國普遍有著這樣的印象：只要擁有健全的身心與毅力，無論是誰都能找到工作，取得高尚的地位並獲得相應於身分的報酬。不過現在的美國經過技術創新與教育普及，勞動力的需求逐漸轉向受過高等教育和訓練的人，除此之外的人則會失業或從事工資非常低廉的工作，成為不充分就業者。莫達爾將由此而生的「永久性失業者、難以就業者與不充分就業者」統稱為底層階級。

根據莫達爾的說法，美國社會中的大部分民眾，通過教育完成了社會與經濟上流動，在這些人所組成的階層下方有一條界線，底層階級就位於這條界線下面。底層階級的下一代因為被置於和父母相同的惡劣立場上，他們的處境和遭遇也就此固定化成為一種典型，而這條界線也就成為了區別身分的界線。莫達爾認為，這種嚴峻的事態將成為美國民主主義的危機。他表示這些人「長期處於失業或不充分就業的狀態中，導致他們意志愈來愈消沉、精神陷入委靡」。底層階級沒有發言權，也無法為了爭取自身權益而團結組織起來。若我們的社會是個健全的民主主義社會，照理來說應該看得到沒有權力的人們所組織的抗議運動才對。

依照以上的論點，莫達爾說到底也只是將底層階級視為技術革新與繼之而起的勞動力市場變化的犧牲品。他認為底層階級民眾之所以會意志消沉、精神委靡，都是長期失業與不充分就業所導致的。相較之下，儘管本章開頭所提到的《時代》雜誌報導也論及底層階級是社會的犧牲者，但卻會令人覺得未免過度側重於其階級文化的異質性，將之視為犯罪的溫床，甚至認為他們是徒增社會支出造成社會負擔的根源。

二、「不值得救助的」貧窮階層？

底層階級這個詞彙從它的創生者莫達爾開始到《時代》雜誌，隨著詮釋方法的不同，人們所認知到的意義也有很大的轉變。其型態對於認為「陷入貧窮的責任在於其自身」的日本來說相當值得參考。關於這點，美國社會學者赫伯特・甘斯（Herbert Gans）在其著作《與貧窮階層的戰爭》中有詳細論述，筆者在此僅簡單介紹一下。

甘斯表示一九六〇年代中期許多地方的貧民窟發生了暴動，在這樣的氣氛下出現了許多針對黑人的種族歧視侮蔑用語。接著他提醒讀者注意《時代》雜誌專題報導刊出的四年前，於保守派雜誌《公眾利益》上刊出的報導。該篇報導提及芝加哥南邊郊區伍德勞恩地區中的許多黑人中產階級與勞動階級人口流動相繼離去，發生了多起縱火與破壞的事件，再加上年輕黑人從事黑幫、暴力與恐怖活動，他們被記者稱為「具破壞力的底層階級殘黨」。而這篇報導在幾乎缺乏證據的情況下，把底層階級的出現歸結為「主要是因城市的社會福利政策不善，導致了長期的貧窮，妨礙了階級的向上流動，也阻礙了黑人組成穩定的家庭」。

標籤化的系譜

甘斯認為這篇報導「為此後十年間所發生的標籤化現象貼上了第一張標籤」。莫達爾所定義的底層階級是聚焦於經濟面向，跟種族因素沒有任何關係。但這篇報導卻將之認定為「貧困種族的少數族群」，將「其行為視為問題的同時也貼上帶有藐視意味的標籤」，成為底層階級這個詞彙涵義轉換的關鍵。

據甘斯的說法，首次出現這種側重個體行為的「底層階級」概念的主流媒體，就是前面提到的《時代》雜誌。從此，底層階級這個詞彙在大眾的視野中，成了一個強調行為面向的用語，而非指涉貧窮階層在經濟面向上的窘迫。附帶一提，該期《時代》雜誌出刊前遭逢「貓王」（Elvis Presley）突然過世，原本編輯部為了追悼故人而準備抽換封面，但據說當時的總編輯海德利．多諾萬（Hedley Donovan）阻止了這件事。

四年後，記者肯．奧瑞塔（Ken Auletta）在《紐約客》雜誌上，以〈底層階級〉為題寫了共三期的報導，隔年還出版同名專著。他透過「犯罪、生活補助、藥物濫用，以及逐步增加的反社會行為正折磨著大部分的美國城市」這樣的敘述來煽動讀者的危機感，接著展開他的底層階級論述。他將底層階級描述為「被社會排除、拒絕主流價值觀，不只收入微薄，就連行為都有缺陷的群體」，並將這個詞彙與「街頭罪犯、藥物中毒者、詐欺者、酒精中毒者、流浪漢及遊民」以及「精神病患、領取社會福利補助者、曾染上毒癮的人、前科犯、輟學生及未成年罪犯」等概念連結在一起，他認為這些都是對底層階級平實描述的用語，實際上卻都是侮蔑的標籤。甘斯認為奧瑞塔的著作貼完了底層階級的標籤。於是在八〇年代中期至後半，底層階級在媒體中已成為一種固化的日常用語。

甘斯認為在這個過程中，有許多研究者也對底層階級概念的普及化發揮了影響力。《時代》雜誌的報導與奧瑞塔的著作被許多研究者引用，藉以正當化其論述主張。而隨著底層階級這個詞彙趨於普及，保守派財團也跟著對底層階級貧窮階層貼上標籤，支持那些符合縮減扶貧措施與福利政策方向的研究。以上就是甘斯所總結出來的，底層階級這個詞彙普及與固化的歷程。

與保守派結合的結果

在一眾研究者之中被公認為著力至深的是保守派政治學者查爾斯．默里（Charles Murray）。他以〈英國底層階級的出現〉為題的論文開頭講述了如下所述的回憶。

在我居住的愛荷華州小鎮上，身為中產階級的雙親告訴我，窮人分為兩種：其中一種窮人從不曾被稱為「窮人」。這類窮人就像我雙親年輕時一樣，靠著微薄的收入簡樸地過活。然而還有另外一種，是由一小撮窮人形成的集團。這類的窮人不光只是沒錢而已，他們的行為也具有特徵，他們居住的空間散亂不堪缺乏管理，這些家庭裡的男人，無法從事一個工作超過數週。他們總是喝得爛醉，小孩長大後對學校不適應，缺乏教養，大部分都成了地方上的小惡霸。

忠實遵循雙親教誨的默里後來成了政治學者。對他來說，底層階級並不是因為貧窮才與其他階級有所區別，而是因為他們那教人可嘆的行為。而他認為孕育出底層階級的，就是福利政策。正因為有社會福利或所得補貼這樣的制度，人們才變得怠惰，進而依賴福利制度，最終淪為底層階級。為此他主張只要廢除社會福利與所得補貼的制度就能解決問題。

默里所提出的主張是將貧窮的原因單方面歸咎於個體行為，以及誘發個體行為的福利制度。這無疑是個謬論，然而其影響卻十分巨大。這樣的論調在雷根主政時期被積極地援用來作為有必要縮減教育與社會福利支出的證明（出自威廉·威爾森著《美國的底層階級》）。

於是底層階級這個詞彙的含意便涵蓋了居住於大都市的貧窮階層，因其問題行為導致自身陷入貧窮的不值得救助之人。就如英國記者傑里米·謝布魯克（Jeremy Seabrook）所言，「隨著底層階級這個詞彙的命名，政府免除了對這群人的命運所應擔負的責任。彷彿是在對這些於道德上與社會上受到歧視的人說，因為你們放棄了自己，我們別無選擇只好撒手放任——這樣的社會觀不斷向外傳布並受到強化。」（出自《階級：揭穿社會標籤迷思》）

三、富足的多數派背後

在這樣的箇中原由下，包含先前所介紹的甘斯在內，支持福利制度的自由派等人士對於使用「底層階級」一詞給予了相當猛烈的批判。來自自由主義陣營，曾使用這個詞彙的威廉．威爾森（William Wilson）甚至在其就任美國社會學會會長時所發表的演說中表示，他將改稱「貧民窟的貧窮人士」而不再使用底層階級一詞（出自威爾森〈研究內城區的社會性困難〉）。

不過也有不少評論者在使用底層階級這個詞彙時，是將之當成經濟狀況概念用語而與人種與民族做切割，這或許是因為現代先進國家普遍都存在著於各種意義上皆與傳統勞動階級不相同的貧窮階層。舉例來說，英國的社會學者羅斯瑪麗．克朗普頓（Rosemary Crompton）便將底層階級定義為無法透過經濟活動維持生計的一種永續性貧窮狀態，在資本主義社會中是必然而普遍的存在（出自

《階級與階層》）。同為英國社會學者的史蒂芬．埃捷爾（Stephen Edgell）則認為，底層階級是過去馬克思稱為「相對剩餘人口」或「產業預備軍」這種處於低度就業或失業狀態中的可拋棄式勞動力，是先進資本主義社會中相當普遍的存在（出自《何謂階級》）。

是誰支撐著富足多數派的生活？

擁有《富裕社會》與《不確定性的時代》等多部著作的美國經濟學者約翰．高伯瑞（John Kenneth Galbraith），應該便是運用底層階級這個詞彙來闡明現代社會重要特徵的人中最有說服力的一位吧。

根據高伯瑞的說法，現在的美國社會已非如過去那般由極少數成功人士支配，而是由「富足的多數派」所主掌。這些多數派人士遍布各種職業，位居上流乃至中流的地位，在企業中擔任經營者或從業員，要不就是收入穩定的自營業者、專業人員或技術嫻熟的勞工、農民等人。這些人並不一定是在人口上占大多數，而是因為許多弱勢者不會參與選舉，所以他們在投票人口中是多數派。故而政治人物會率先滿足這些「富足的多數派」的要求。

這些人對於所得落差的看法較為寬容。在這多數派中，許多人的所得水準一般並非富裕階層。但他們為了守護自己的所得水平，也不得不對他人的高所得持寬容態度。這是因為若他們認同對富裕階層的所得課稅再行分配，說不定沒那麼富裕的人也會走上被增稅的道路。

然而支撐這群富足多數派生活的是其他階級的人。社會中存在著各式各樣的消費者服務或者家務勞動，具體來說就是門房、傭人、清道夫、垃圾回收員、警衛、電梯人員等人在支撐他們的生活。不過這些工作均屬聽命行事，是「不斷重複無聊內容、又累又痛苦、令人厭煩的屈辱工作」，獲得的社會評價與工資都很低。

高伯瑞如此表示：「綜上所述，我們可以了解現代經濟社會的一個基本事實。意即在我們的經濟生活中，那些大家都厭惡的辛勞工作是受惠階層人士不用去碰，一概交由別無選擇的可憐人去做的。」從事這種工作的，就是底層階級。若是沒有他們所從事的工作，這個社會就無法運轉，而從事這些工作的人身處貧窮。高伯瑞用「在功能上不可或缺的底層階級（the functional underclass）」一詞來概括這樣的一種狀態。

而後主流派經濟學者和其他社會科學研究者針對「底層階級為富足的多數派提供服務」這種說法展開了討論。這些討論不乏政府的介入是有害的、讓富裕人士追求更多財富才有益於社會發展等論調。另外同樣重要的還包括削弱對貧困人士的責任感。這種說法認為底層階級之所以貧困都是其自身所造成的，沒有救助的必要。高伯瑞在此處例舉前面提過的默里作為秉持此主張的社會科學者代表。

高伯瑞將現代美國社會區分為兩個部分，一個是包括富裕階層與過著普通生活的人所組成的「富足的多數派」，另一個則是從事底層勞動為多數派服務卻沒有任何回報的底層階級。

此外，根據克朗普頓和埃捷爾的主張，他們認為底層階級並非現代社會衍生出來的新形態下層階級，而是資本主義社會中普遍的存在。關於這點，請看接下來的討論。

勞動階級屬於資本主義社會的下層階級，而資本主義要延續下去並且達到成長與發展的目標，便需要讓勞動階級過上不錯的生活以保持他們所能提供的勞動力，還需要讓他們擁有生育下一代的寬裕。為此必須將他們的工資設定在既不太多亦不太少的範圍，讓他們足以過上一般生活、消除勞動產生的疲勞、成家生育下一代。而與之相對的，底層階級的工資並不足以讓他們過上最低限度的生活，甚至無法組成家庭生育下一代。也就是說，底層階級的生活水平連一般勞動階級的標準都達不到。

像這種未達勞動階級水平的低工資勞工，在每個時期的資本主義社會都存在。戰後的日本就有被稱為「二個四」[1]的日薪工人、隨時都可能捲鋪蓋走路的

1　譯注：日薪工人過去的俗稱。源於一九四九年東京都將每日最低工資規定為二百四十圓，二張百圓鈔票加上四個十圓之意。

臨時工與工資僅夠零用的包住宿店員。而日本現在的勞動型態則是由打工、兼職與派遣員工等非典型勞工為主。

四、勞工內部的分界線

高伯瑞所描繪的美國社會結構與日本的情況有許多共通之處。如同筆者在第一章所提到的，現代日本兼職主婦以外的非典型勞工人口正急速增加，這群人與其他階級之間的落差非常巨大。即使和同為勞動階級的典型勞工相較，落差也不容小覷，而且還有差距愈發加大的趨勢。

以往的日本勞動階級雖處於資本主義社會最底層的位置，不過其中大部分都是有著安穩地位的正職員工，以製造業為主的產業型態也確保了相對合理的工資水準。與之相對快速增長起來的非典型勞工，其就業情況非但不穩定，工資也遠遠不及典型勞工。而且就如筆者將在下一章談到的，包括很難結婚成家這點在內，他們呈現出來的特質與以往的勞動階級相去甚遠，因而形成了一個新的下層階級。若說勞動階級是資本主義社會最下層的階級，那麼比低端更底層的非典型勞工，就是名副其實的「底層階級」了。

為了避開圍繞著底層階級一詞的歧視性含意，也不是不能選擇其他的詞彙。根據撰寫過多部福利國家相關議題著作而聞名的戈斯塔．埃斯平─安德森（Gøsta Esping-Andersen）表示，社會上的失敗者在歐洲逐漸形成一個「擁有新名稱的社會階級」；這群人與包含這群人在內的階級構造在丹麥稱為「A集團」與「B集團」，在德國稱為「三分之二社會」，在法國稱為「雙速社會」，而在英美則稱為「底層階級」。誠如上述，先進國家也形成了相同的下層階級並被賦予了不同的名稱（出自《後工業經濟的社會性基礎》）。然而比較過這些名稱，發現最單刀直入而且能夠讓人馬上聯想到這群人處境的，不管怎麼想都是

「底層階級」。

可能也有人認為把他們直接稱為「非典型勞工」就好了。但這樣一來，就無法將家戶所得並不算少，但為貼補家計還是出門工作的兼職主婦、利用學業空檔賺錢的打工族，以及從大企業屆齡退休後過著閒適顧問生活的高齡人士區隔開來。最好要賦予這個新出現的下層階級一個能與他者明確區別並且具高矚目性的合適名稱。如若不然，這些男男女女所面臨的窮困處境便永遠無法廣為人知。

直到現在仍抱持著對非典型勞工的誤解

關於非典型勞工，仍有不少人的印象停留在過去。舉個例子來說，二〇一八年五月三日《朝日新聞》經濟版面的「經濟氣象台」專欄裡談到了「底層階級」。該文章作者「遠雷」先生如此論斷：「用『下流』或『底層階級』這類詞彙，擅自去定義社會階層的定位並不是個好現象。」隨後引用了非典型勞工的調查數據做出此翻說明：「最引人注目的主要是家庭主婦、學生還有退休高齡人士的工作態度。他們或她們那種『即使不多也想工作多賺些收入』的心態非常健康，不可能走上『下流』或『底層階級』的道路。」

筆者所謂的「底層階級」指的是需要背負主要家庭支出的非典型勞工，並不包括兼職主婦與學生打工族這種無需負擔家計而只是為了賺取額外所得的非典型勞工。如上一章的圖表1-8所示，兼職主婦並不能算是非典型勞工的主流。即使不計入學生打工族，單身男女的非典型勞工人口也達到六百四十八萬人。而如圖表1-6所示，兼職主婦以外的非典型勞工處於相當嚴峻的貧困狀態中。

不過兼職主婦之中應該也有很多人是因為丈夫失業或工資過低，為了不陷於貧困而過著身兼家務又外出工作的雙重負擔辛勞生活。學生打工族中大概也有很多人如果不打工就付不出學費，或許還有人因身兼數份打工而耽誤了學業，迫不得已輟學或無法應聘上理想中的職業。所以這些只有人生某段時期成為非典型勞工的人也與底層階級有部分的重合。將他們在社會上的定位想成是與底層階級相鄰或許會比較明確吧。

另外，退休後的高齡者所從事的非典型勞動，正如後續將在第六章分析的，是因為要填補年金太少的缺口而不得不再次就業，並非許多高齡者積極選擇的道路。因此雖然他們的情況和五十歲世代以下的人有些差異，筆者還是將他們歸於底層階級中。再加上泡沫經濟後期出社會的五十歲世代以下底層階級年紀漸長，也成為退休後的非典型勞工。這兩者合而為一形成了高齡底層階級的群體。

如果是這樣的話，現代日本的階級結構便可以理解為如下所描述的樣子。

圖表 2-2 ▼ 新階級社會的結構

<table>
<tr><td colspan="2">資產階級
經營者、董事</td><td rowspan="4">舊中產階級
自營業者
家族事業</td></tr>
<tr><td colspan="2">新中產階級
受雇的管理階層、專業工作者、高級事務職員</td></tr>
<tr><td colspan="2">勞動階級
受雇的一般事務職員、銷售員、服務員
體力勞動者、其他勞工</td></tr>
<tr><td>底層階級
管理與專業職位以外的
非典型勞工（不含已婚女性）</td><td>兼職主婦
同左、已婚女性</td></tr>
</table>

過去的日本社會在資本主義的領域是由資產階級—新中產階級—勞動階級三個階級堆疊而成的，另外再加上自營業領域中的舊中產階級，成為四個階級的結構。然而勞動階級內部出現了巨大的斷層線，使資本主義的世界轉換為涵蓋更大階級落差的四階層結構。於是日本社會便加上底層階級這個新的階級，從過去的四階級結構變成了五階級結構（圖表 2-2）。

隨著底層階級的誕生，日本的階級結構出現了相當大的轉變。筆者將之稱為「新階級社會」。在下一章，筆者將剖析這個新階級結構和底層階級這個新誕生的階級，並揭示其特徵。

第三章——現代日本的底層階級

一、從數據觀察到的特徵

正如筆者在第一章所敘述的，現在的日本社會存在著九百二十八．七萬的底層階級人口，占整體就業人口百分之十四．九。若以性別加以區分，男性有五百二十六．六萬人（百分之五十六．七），女性有四百〇二．一萬人（百分之四十三．三）。

那麼底層階級究竟包含了哪些人？筆者在第一章已概略地將其形象描繪出來：低所得、高貧窮率，而且所得有愈來愈低的傾向，與典型勞工的落差逐步擴大。在此筆者將進一步確認一些基本事實。此處所採用的數據，來自序章最後所介紹過的二〇一五年ＳＳＭ調查報告與二〇一六年首都圈調查報告。這兩種調查皆採用紙面問答（也就是問卷調查），非常詳盡地蒐集了調查對象的狀態，包括職業、學歷、迄今為止的經歷、生活上的各種事態與主觀意識等諸多事項。與國勢調查這類由政府所主導的統計調查不同的是，涉及個人隱私的問題較多，填寫問卷所需的時間也較長。也因此問卷的回收率在二〇一五年SSM調查中為百分之五十．一，二〇一六年首都圈調查為百分之四十一．八。此外，這些調查所使用的取樣方法是從住民基本台帳與選舉人名簿中隨機抽樣選出調查對象，再由調查員親自前往調查對象所在之地，當場做完問卷或遞出問卷再另約時間取回。因此回覆問卷的對象分布存在少許的偏差，回收率較高的群體為較常在家的專職主婦與高齡者。希望讀者在檢視數字時能稍加留意。

數據所呈現出來的底層階級特徵

圖表3-1透過性別、年齡、學歷等項目將底層階級與其他階級進行比較。統計範圍設定在二十到七十九歲。在第一章也曾提到，包含年金受領者在內的六十歲以上底層階級經濟情況，較五十九歲以下者更為穩定。不過為了讓讀者更能掌握底層階級的整體樣貌，筆者將其合併統計。

圖表 3-1 ▼ 底層階級的特徵

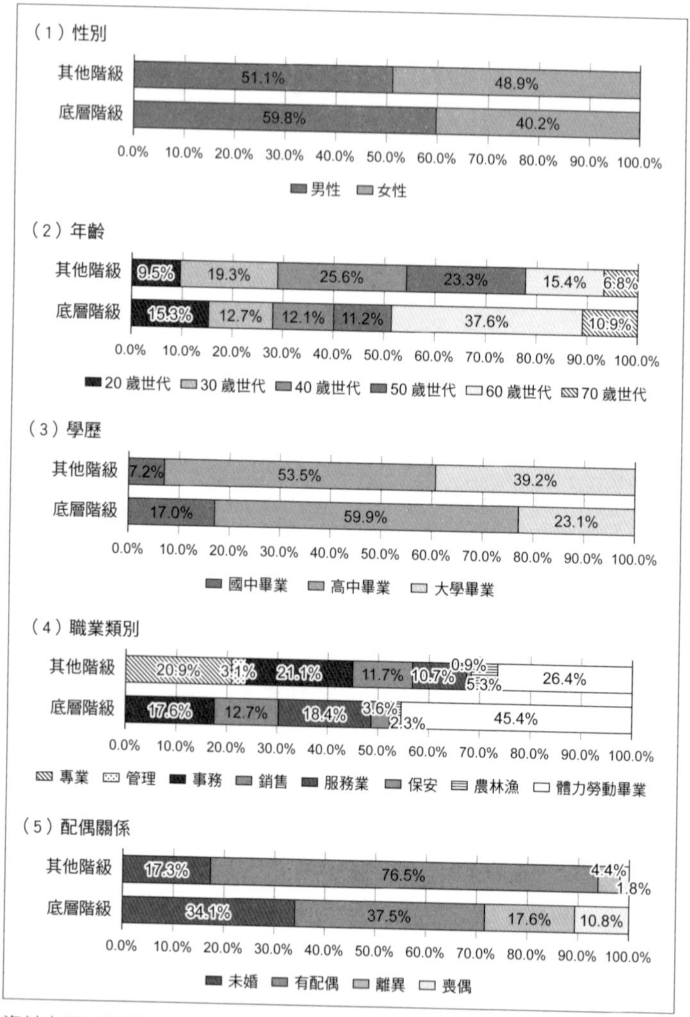
（1）性別
其他階級
底層階級
51.1%
48.9%
59.8%
40.2%
0.0% 10.0% 20.0% 30.0% 40.0% 50.0% 60.0% 70.0% 80.0% 90.0% 100.0%
男性 女性
（2）年齡
其他階級
底層階級
9.5% 19.3% 25.6% 23.3% 15.4% 6.8%
15.3% 12.7% 12.1% 11.2% 37.6% 10.9%
20 歲世代 30 歲世代 40 歲世代 50 歲世代 60 歲世代 70 歲世代
（3）學歷
其他階級
底層階級
7.2% 53.5% 39.2%
17.0% 59.9% 23.1%
國中畢業 高中畢業 大學畢業
（4）職業類別
其他階級
底層階級
20.9% 3.1% 21.1% 11.7% 10.7% 0.9% 5.3% 26.4%
17.6% 12.7% 18.4% 3.6% 2.3% 45.4%
專業 管理 事務 銷售 服務業 保安 農林漁 體力勞動畢業
（5）配偶關係
其他階級
底層階級
17.3% 76.5% 4.4% 1.8%
34.1% 37.5% 17.6% 10.8%
未婚 有配偶 離異 喪偶

資料來源：根據 2015 年ＳＳＭ調查資料得出。

底層階級之外的其他階級，男女比例幾乎為一比一，然而底層階級內的男性較多，與女性的比例接近六比四。在年齡分布上也頗為特殊：二十歲世代占比為較高的百分之十五．三，三十歲到五十歲的世代各在稍微偏低的百分之十二上下；六十歲世代為百分之三十七．六逼近四成，七十歲世代則占百分之十．九。六十歲世代的人之所以較多，是因為包含了退休後以非典型勞動型態再就業的人口，這其中有許多是以正職身分工作多年、經濟情況較為穩定的人，後面筆者還會詳細談到這部分。另外，底層階級以外的二十歲世代人口之所以會只有百分之九．五這麼少，研判是因為年輕世代的生活較不規律且多為一人獨居，導致問卷的回覆率偏低。同理可推論底層階級的二十歲世代在真實社會中所占比例應該比統計結果還要更高。相對的，六十歲到七十歲的世代在真實社會中所占比例應較統計結果稍低。

在學歷這個項目，底層階級的學歷比其他階級還要來得低，擁有大學文憑者僅百分之二十三．一，反觀國中畢業者高達百分之十七。從職種來加以考察，底層階級多從事服務業（廚師、服務員、接待員、居家看護、介護員等）及體力勞動（工廠藍領、建築工、駕駛員、搬運工等）。為了更能掌握其具體形象，筆者將其所從事的職種進行更詳細的分類。在二〇一五年ＳＳＭ調查的回覆者中，被區分為底層階級的共計六百五十九人。這些人所從事的職種，依多寡排序如下：最多的是商店店員（六十三人），其次有總務或企劃事務員（四十人）、清潔工（四十人）、汽車駕駛（三十九人）、廚師（三十二人）、其他類勞務作業員（三十人）[1]、服務員（二十九人）、搬運工（二十四人），接著是推銷販賣員（二十人）、保全人員、警衛、救生員（二十人）與介護員、看護（二十人）。其中並未出現在工廠製作生產過程中擔任體力勞動的職種，原因是在職業的分類上，體力勞動可以分得非常細，反映在每個職種上的從業人數並不多，像是飲食料品製造業從業員（十四人）、一般機械組裝員與維修員（十人）、電器機械組裝員與維修員（九人）、橡膠、塑膠製品製造業從業員（七人）等，合計起來的數量亦頗為可觀。

在配偶關係這個項目，底層階級的有配偶者較少，僅有百分之三十七．五；

相較之下未婚者占百分之三十四・一、離異者占百分之十七・六、喪偶者占百分之十・八，比例相當高。

二、性別與年齡所呈現的差異

身陷底層階級的究竟都是哪些人？筆者再從其他角度加以考察。

圖表 3-2 從性別與年齡兩個項目去看底層階級的配偶關係。底層階級以外的人們不論男女，有配偶的比例在二十歲至三十歲的世代大幅攀升，超過了七成；四十歲世代的人來到八成上下，五十歲世代以上的人已接近九成。雖然離異與喪

1 指從事整備機械、清洗容器、除草、校工、分貨等雜務工作的人。

圖表 3-2 ▼ 底層階級的配偶關係

		底層階級			其他階級		
		未婚	有配偶	離異或喪偶	未婚	有配偶	離異或喪偶
男性	20 歲世代	92.5%	7.5%	0.0%	75.0%	24.0%	1.0%
	30 歲世代	70.5%	27.3%	2.3%	27.2%	70.4%	2.4%
	40 歲世代	70.6%	20.6%	8.8%	19.3%	77.3%	3.4%
	50 歲世代	26.5%	50.0%	23.5%	9.7%	82.1%	8.2%
	60 歲世代	5.7%	84.9%	9.4%	4.3%	88.0%	7.7%
	70 歲世代	2.0%	90.0%	8.0%	1.2%	89.8%	9.0%
女性	20 歲世代	88.5%	—	11.5%	67.6%	29.6%	2.8%
	30 歲世代	62.5%	—	37.5%	20.0%	75.8%	4.3%
	40 歲世代	39.1%	—	60.9%	10.2%	82.3%	7.5%
	50 歲世代	20.0%	—	80.0%	3.9%	87.7%	8.4%
	60 歲世代	7.1%	—	92.9%	2.1%	91.0%	6.9%
	70 歲世代	13.6%	—	86.4%	0.7%	79.6%	19.7%

資料來源：根據 2015 年ＳＳＭ調查資料得出，年齡範圍 20 至 79 歲。

偶的比例也隨著年齡增長而升高，不過未婚者的比例掉到了個位數的百分點。對這個群體的人來說，結婚是理所當然的事（至少結過一次婚）。

底層階級的情況則有所不同。即使是四十歲世代的男性，有配偶率也僅約百分之二十左右，即便五十歲世代也不過五成而已。六十歲世代以上超過八成，與其他階級的差別不大。這當然不是因為底層階級的人到了六十歲才結婚，而是底層階級的面貌以六十歲為界線，其上的世代與其下的世代有著相當程度的不同。這點在此先保留，容後再敘。

女性的部分，因為將有配偶的非典型勞工歸類為兼職主婦，故而底層階級所有的女性皆為未婚或離異喪偶。未婚者的比例在二十歲世代接近九成，但數字隨著年齡增長急速下降，同時離異與喪偶的比例則逐步上升，在四十歲世代達到六成，五十歲世代則來到八成。正如數字所顯示的，底層階級女性在年輕世代以未婚者為主流，隨著年紀遞增離異喪偶者亦隨之攀升，取而代之成為主流。到了六十歲世代以上則和男性相同，與其他階級的落差並不大，不過未婚者仍在一成上下。

貧窮就在身邊，對生活抱持不滿

接下來的圖表3-3，呈現的是底層階級的貧窮率。底層階級以外的人們，貧窮率在二十歲世代超過了百分之十，不過在三十歲世代則降低到百分之五左右，然後維持著這種狀態直到五十歲世代，在六十歲世代再次上升至超過百分之十。即使看最高點，男性只有百分之

圖表 3-3 ▼ 底層階級的貧窮率

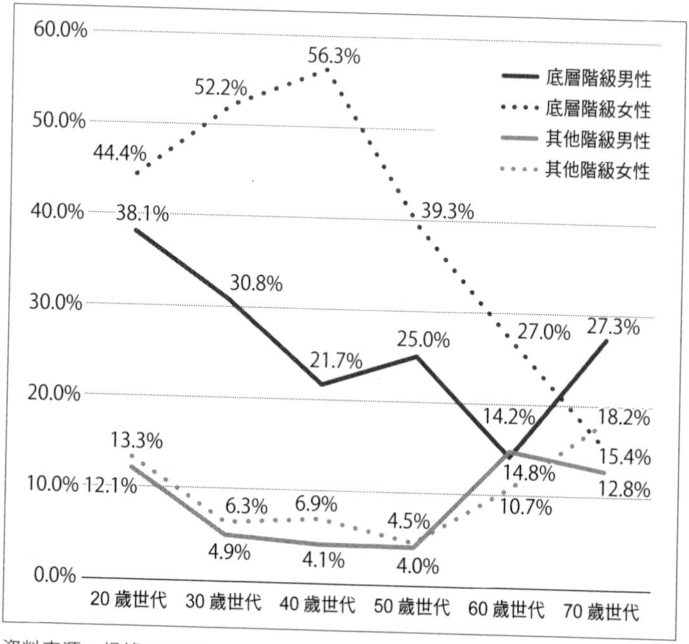

資料來源：根據 2015 年ＳＳＭ調查資料得出，年齡範圍 20 至 79 歲。

十四・八，女性只有百分之十八・二。大多數的人與貧窮無緣，再怎麼不濟也僅限於年輕時期與老後而已。

然而，底層階級則完全不同。二十歲世代的貧窮率，男性為百分之三十八・一，女性為百分之四十四・四，皆相當高。男性會隨著年齡增加而稍微降低，但進入五十歲世代也還有百分之二十五。女性則不斷上升，到了四十歲世代達到百分之

圖表 3-4 ▼ 底層階級的生活滿意度

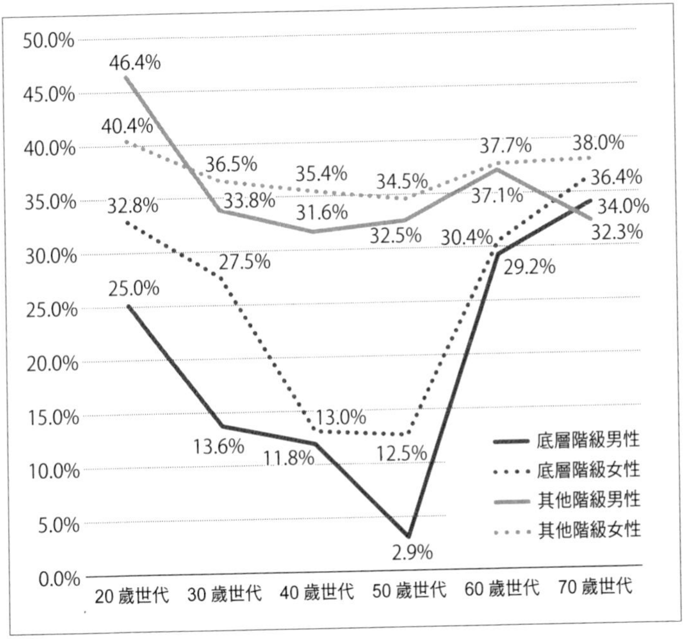

資料來源：根據 2015 年ＳＳＭ調查資料得出，年齡範圍 20 至 79 歲。
注：在「滿意」、「還算滿意」、「沒意見」、「有點不滿意」、「不滿意」等選項中，回答「滿意」的比例。

五十六・三。對底層階級而言，貧窮就在身邊。不過進入六十歲世代，男女雙方的貧窮率皆有顯著降低。底層階級男性的貧窮率大幅下降，與其他階級的差距幾乎消失；而底層階級女性到了七十歲世代，貧窮率也與其他階級無甚差別（但底層階級男性的貧窮率進入七十歲世代又變高了）。

接著從圖表3-4來觀察人們對自身生活的滿意度。底層階級以外對生活感到滿意的人在二十歲世代超過四成，之後雖稍有下滑，仍保持在三成上下。在此順帶一提，對生活不滿意的比例即使加上回答「有點不滿意」的人，男性僅有百分之十左右，女性則為百分之五左右。

底層階級的情況則不同。對生活感到滿意的比例，二十歲世代的男性有百分之二十五，女性達到百分之三十二・八。不過滿意度隨著年齡層的推移急速下降，四十歲世代的男性為百分之十一・八，到了五十歲世代竟降到百分之二・九；同世代區間的女性則降低到百分之十三與百分之十二・五。只不過到了六十歲世代以上，對生活感到滿意的人又增加到與其他階級無顯著差別。

性別與年齡對底層階級內部所造成的分裂

從上述分析，我們可以得知以下幾個事實。

首先，底層階級位處與日本社會其他階級分隔開來的底層。所得明顯偏低，貧窮率也很高。結婚成家與經營家庭這個對底層階級以外的人而言是理所當然的常識，卻無法通用於底層階級。而且底層階級普遍對生活感到不滿，並認定自己位居社會的底層。

不過第二點所呈現的，是底層階級內部的處境也因性別與年齡而有所不同。二十歲至五十歲世代的男性所展現出來的底層性格較為強烈。他們的貧窮率高，對生活的滿意度非常低。絕大部分都是未婚，但結不了婚應該是基於經濟因素。不過進入六十歲世代以上，底層性格就開始減弱了。貧窮率偏低，對生活也有很高的滿意度。且近九成的人擁有配偶與家庭。五十歲世代則介於兩者之間。

女性的情況則是在五十歲世代前擁有較顯著的底層性格，進入六十歲世代後底層性格有弱化趨勢。五十歲世代以前的貧窮率非常高，對生活的滿意度在二十歲至三十歲世代雖不到很低，但在四十歲至五十歲世代卻降至極低。以四十歲為界線，其下的年齡層以未婚者為主流，其上則以離異、喪偶者為主流，六十歲以上幾乎都是離異、喪偶者。

根據這些數字，是否能夠稍微看清楚底層階級的內部構造了呢？底層階級的特性依性別及年齡等因素而有所不同。在年齡上以六十歲為界線來觀察會比較清楚。將性別與年齡組合起來，還能將底層階級區分為四種類型。

三、底層階級的四種群體

將底層階級依照性別與年齡加以區分，從彙整而成的圖表 3-5 中可看到四種群體各自的特色。接下來，筆者將依序介紹其特色所在。

（1）五十九歲以下的底層階級男性（青年・中年底層階級男性）

正如第一章所描述的，日本的底層階級人口開始增加的時間點是一九八〇年代後期。從這段時期前後開始淪為底層階級的男性，就是組成該群體的主體，亦可說是底層階級的核心部分。而對生活抱持著最多不滿怨言的也正是這個群體。

讀過大學的人占比為百分之二十八・三，相較於此世代男性平均大學升學率超過四成的數字來說並不算高。每週平均工時三十八・三小時，相當接近四十小時，若看工時的分布，有百分之五十七・一的人每週工時超過四十小時。職業類別有將近六成的人從事體力勞動，服務業（百分之十六・四）與銷售職（百分之十一・八）次之，擔任事務工作（百分之九・二）的人很少。而個別檢視職業類別的結果，最多人從事的是商店店員（十七人），緊接著是倉管與裝卸工（十

圖表 3-5 ▼ 底層階級的四種類型

		59 歲以下男性（青年・中年底層階級男性）	59 歲以下女性（青年・中年底層階級女性）	60 歲以上男性（高齡底層階級男性）	60 歲以上女性（高齡底層階級女性）
	2015 年ＳＳＭ調查取樣數占底層階級之組成比例	152 人 23.1%	187 人 28.4%	242 人 36.7%	78 人 11.8%
學歷	國中畢業	11.2%	6.4%	22.3%	37.2%
	高中畢業	60.5%	66.3%	56.2%	55.1%
	大學畢業	28.3%	27.3%	21.5%	7.7%
	每週平均工時（小時）	38.3	34.6	31.0	24.2
職業類別	事務職	9.2%	24.6%	17.4%	17.9%
	銷售職	11.8%	23.5%	7.4%	5.1%
	服務業	16.4%	25.7%	7.0%	39.7%
	保安	3.3%	0.5%	7.4%	0.0%
	農林漁	1.3%	0.5%	4.5%	1.3%
	體力勞動	57.9%	25.1%	56.2%	35.9%
配偶關係	未婚	66.4%	56.1%	5.0%	9.0%
	有配偶	25.7%	0.0%	86.0%	0.0%
	離異或喪偶	7.9%	43.9%	9.1%	91.0%
經濟狀態	個人所得（萬圓）	213	164	293	193
	家戶所得（萬圓）	384	303	459	312
	貧窮率	28.6%	48.5%	17.1%	24.0%
	無金融資產家戶占比	42.5%	41.7%	17.1%	30.6%
	年金受領率	0.7%	6.6%	77.3%	85.3%
對工作內容滿意		18.4%	32.8%	42.3%	49.4%
對工作所得滿意		5.9%	10.2%	20.9%	31.2%
對生活滿意		13.8%	22.5%	30.2%	32.1%
懷有「下流」意識		55.0%	35.3%	26.1%	32.9%

資料來源：根據 2015 年ＳＳＭ調查資料得出，年齡範圍 20 至 79 歲。

注：「對工作內容滿意」、「對工作所得滿意」、「對生活滿意」指的是回答「滿意」者的比例。「懷有『下流』意識」指的是在「上」、「中之上」、「中之下」、「下之上」、「下之下」幾個選項中，回答「下之上」與「下之下」者的合計。

人）、搬運工（八人）、汽車駕駛（七人）、清潔工（七人）、廚師（六人）、服務員（五人）、娛樂場所的接待員（五人）、其他類運輸從事者（五人）、電器機械組裝員與維修員（五人）、護工與居家看護（五人）等。這些非典型勞工身處最底層支援著人們的生活與企業的活動。

最引人注目的是這個群體的未婚率極高，達百分之六十六・四。如圖表3-2所示，稍微與整個群體的特性有出入的是五十歲世代將近一半的人擁有配偶，但四十歲世代以下的大多數人直到屆齡五十以前都「終身未娶」，沒有結婚的經驗。再觀察職涯這項，有百分之四十三・四的人在從事第一份工作時就已經身處底層階級了。

個人所得是偏低的二百一十三萬圓，家戶所得也偏低，僅三百八十四萬圓。貧窮率是相當高的百分之二十八・六。完全沒有儲蓄與股票等金融資產的家戶占整體百分之四十二・五。

百分之十八・四的人對工作內容感到滿意，這數字在整個底層階級中也是極端偏低。對於工作收入感到滿意的人更僅有百分之五・九。對生活感到滿意的人占百分之十三・八，自認在日本社會中位居於「下」（懷有「下流」意識）的人超過半數，占百分之五十五。無論是實際處境或者自我意識，這個群體的人可以說是位居日本男性的最底層。

（2）五十九歲以下的底層階級女性（青年與中年底層階級女性）

與青年、中年底層階級男性一樣，這個群體主要是由一九八〇年代以後成為底層階級的人，以及婚後經歷離異與喪偶而成為底層階級的人所組成。在底層階級中，經濟處境最為困窘的就是這個群體。

曾讀過大學的人所占比例與五十九歲以下男性群體幾乎一致，不過國中畢業者稍微偏低。每週平均工時稍低，為三十四・六小時，但還是有百分之四十五・九的人每週工時超過四十小時。在職業類別上呈現出來比較特殊的是事務職（百分之二十四．六）稍高，占比與服務業（百分之二十五．七）及體力勞動（百分之二十五．一）相去不遠。再加上銷售職（百分之二十三．五）幾乎等於全體了。

未婚者比例偏高，占百分之五十六．一，離異喪偶者亦占百分之四十三．九。雖然沒有顯示在數據上，這個群體中有百分之四十．一的人與小孩同住，每種細項的比例分別為：離異者百分之八十三．一、喪偶者百分之七十六．五，未婚者也有百分之七．六的人與小孩同住。擁有為數眾多的單親媽媽，就是這個群體最大的特徵。

個人所得格外偏低，僅有一百六十四萬圓，家戶所得也僅有區區三百〇三萬圓。貧窮率百分之四十八．五著實相當高。沒有金融資產的家戶多達百分之四十一．七。在經濟處境上，與五十九歲以下男性比起來，這個群體很明顯地過得更加艱困。

雖然客觀條件如此，但仍有百分之三十二．八的人對工作內容感到滿意，有百分之二十二．五的人對生活感到滿意，這兩個數字都接近五十九歲以下男性群體的兩倍。另外，懷有「下流」意識者雖算高，也只有百分之三十五．三而已。與自己的孩子同住一個屋簷下，或許成為了撫慰她們的力量吧。或者說，與承受身為男人的壓力、必須像個男子漢獨力承擔家計否則容易萌生內疚感的底層階級男性相比，這個群體的人對自己的要求並沒有那麼高。關於這點，筆者後續會在第五章深入討論。

（3）六十歲以上的底層階級男性（高齡底層階級男性）

將六十歲以上的人歸類為高齡，似乎跟現代日本這個超高齡化社會不太搭調，不過在此筆者姑且先使用這樣的稱呼。這個群體組成十分多元，也包含了一部分在底層階級中經濟情況相對較佳、實際上不太能說是底層階級的男性。在整體底層階級中占百分之三十六．七，取樣數量多達二百四十二人，原因可以認為是跟本章前述的調查方法有關，問卷回收率很高。[2]

此群體中曾就讀大學者占百分之二十一．五，以這個世代的男性來說，這樣的數字並不算高。國中畢業者占百分之二十一．三，可說略為偏高。每週平均工時很短，為三十一小時；工時超過四十小時的人占百分之三十六．七。職業類別中體力勞動為將近六成的百分之五十六．二，不過事務職（百分之十七．四）比五十九歲以下男性高出許多。高達百分之八十六的人為有配偶者，未婚者僅占百分之五，這和五十九歲以下男性格外不同。

雖然工時短，但個人所得二百九十三萬圓大幅高於五十九歲以下的底層階級男性，家戶所得四百五十九萬圓也是相當高的數字。其理由之一在於有百分之七十七．三的人屬於年金受領者。也因此，貧窮率僅有百分之十七．一，在四個

2 根據二〇一二年就業結構基本調查統計資料，在二十歲至七十九歲的年齡範圍內，六十歲以上的有效問卷占全體百分之四十．六。換句話說，五十九歲以下與六十歲以上的比例約為六比四。而這個比例在二〇一五年SSM調查的結果中完全反轉。沒有填寫問卷的非典型勞工中，許多人都過著極度不規律或者相當辛苦的生活，因此這個調查的數據有可能過度美化底層階級的生活狀態，在檢視時需多加留意。

群體中是最低的。沒有金融資產的家戶僅占本群體的百分之十七．一。

對工作內容感到滿意的人占百分之四十二．三，對所得的滿意度也相當高，對生活感到滿意的比例為百分之三十．二。而懷有「下流」意識的人占百分之二十六．一，跟圖表1-5所顯示的全體勞動階級平均數字不相上下。這部分讓人感到有點意外，因為從意識上不太感覺得到這個群體的「底層性」。筆者在第六章還會針對這點詳加討論。

考察這個群體首次踏入職場的時間點與所屬階級，有高達百分之七十三．五的人屬於典型勞工，百分之十六的人屬於新中產階級，身處底層階級者僅有百分之四．二。這點和五十九歲以下男性群體有莫大不同。此外，這個群體的人在五十歲時的所屬階級，仍有百分之四十五．八為典型勞工，百分之三十三．三屬於新中產階級，屬於底層階級的則有百分之八．三（除此之外的人分布於資產階級、舊中產階級與無業者）。可知這個群體的人大多為勤懇做事直到退休，再轉為非典型勞工的人。

然而此群體百分之十七．一的貧窮率雖較其他群體為低，但以有職者的標準來說，其實也不算很低。那麼陷入貧窮處境的是哪些人呢？決定這件事的一個關鍵因素就是企業的規模。從第一份工作所任職的組織來看貧窮率，發現在未滿百人的自營業或中小企業工作的人，貧窮率為百分之二十八．八；相較之下，任職於百人以上的中型企業或大企業的人，貧窮率為百分之十二；任職於政府機關的人，貧窮率為百分之七．七。歸結起來，這個群體由兩種人所組成，一種是任職於規模龐大的企業或政府機關，退休後的生活因有相當的年金所得來支撐而過得十分安穩；另一種則長年任職於中小企業或自營業，因為沒什麼積蓄，退休後仍須為了生計而繼續工作的人。將後者歸類為底層階級當然沒什麼問題，但把前者放進底層階級則有點不相容也說不定。關於這點，筆者會在第六章繼續展開討論。

（4）六十歲以上的底層階級女性（高齡底層階級女性）

這個群體是由即使已經年過花甲，也仍必須從事非典型勞動來維持生計的高齡女性所組成。

此群體的學歷程度明顯比其他底層階級的群體低，國中畢業者接近四成，有大學文憑者僅百分之七．七。每週平均工時少到只有二十四．二小時，超過四十小時的人僅占百分之十八．一。從事職業類別中服務業最多，占百分之三十九．七；體力勞動居次。再具體檢視職業類別，最多的是廚師（十人）、服務員（十人）、清潔工（十人）、護工與居家看護（七人）等。這的確是高齡女性經常從事的職業類別。

在配偶關係上，離異者占百分之三十五．九，喪偶者占百分之五十五．一，兩者合計起來超過九成，其餘百分之九為未婚者。

工時雖短但個人年所得一百九十三萬圓，比五十九歲以下女性還多的原因在於大部分人都是年金的受領者。另外，家戶年所得三百一十二萬圓明明很少，貧窮率卻只有百分之二十四，那是因為獨居者很多的關係。再者，此群體有一定人數和經濟獨立的孩子同居，這也拉低了貧窮率。

回答「對工作感到滿意」的人多達百分之四十九．九，應該跟工時不長也有關係吧。滿意工作收入者高達百分之三十一．二，這應該也是因為工作補貼了年金的不足而心懷感恩吧。對生活感到滿意的人占百分之三十二．一，也算相當多，可以認為她們在主觀上過著幸福的老年生活。與五十九歲以下的底層階級女性一樣，她們說不定原本就沒把自己逼得太緊。

但如果更仔細去看，在生活滿意度上，雖然離異或喪偶者給出的數據並不低，未婚者卻很低，但有同居家人的、與孩子同住的人都很高。由此可知是否會成為底層階級多少也與有無同居家人有關。針對這點筆者會在第六章深入討論。

就如同本章所介紹的，底層階級裡的人雖有著從事非典型勞動、現階段的年所得很少等共通點，但主要是由性格差異甚大的人群所組成。

首先是世代所產生的差異。兼職主婦以外的非典型勞工是從一九八〇年代後期開始增加的。在這段期間畢業而踏入社會的年輕人們，現在正值五十歲世代前半。再往前一個世代，至少對男性而言，以正職員工的身分就業是天經地義的事，而且一旦任職於某家公司就會一直工作到退休，即使需要換工作也會尋求典型雇用的機會。所以即使現在從事的是非典型勞動，也不一定表示他們的經濟狀況不穩定。但自此以後的世代已無法複製這種模式，成為底層階級的年輕人也就愈來愈多。

其次是性別所產生的差異。在日本，一般情況下女性的工資水準是低於男性的。非典型雇用的情況也是如此，雖然差距不像典型雇用那麼大，但很多時候低薪的工作都是由女性從事的。這就是女性所得較低且貧窮率較高的原因。特別是五十九歲以下女性的貧窮率異常地高。而女性跌進底層階級的模式中，還有一種與男性不同，那就是在結婚成為專職主婦或兼職主婦後，歷經與丈夫離異或喪偶的情況而淪為底層階級。這是青年與中年底層階級女性的生活過得十分辛苦的主要因素。

世代所產生的差異或許可視為暫時的過渡。現在五十歲以下、從年輕時就普遍處於底層階級的這個世代隨著年齡增長，終有一天會進入六十歲以上。屆時前面所提到的關於五十九歲以下群體與六十歲以上群體的差異，也將會逐漸淡化吧。而底層階級的組成趨勢也將出現變化，由這些群體匯流而成：從年輕時就位居底層階級，並一直無法掙脫直到年老的廣大群體，還有經歷離異、喪偶的女性以及在退休後從事非典型勞動來貼補年金所得的人。這就是往後日本底層階級的整體圖像。

在接下來的章節，筆者的論述將圍繞在底層階級的四種群體，闡明現今社會底層階級的整體圖像，同時也思索將如何應對未來的挑戰。

第四章——

絕望國度裡絕望的年輕人

青年．中年底層階級男性的現實

在這個章節裡，筆者將討論二十至五十九歲的底層階級男性（即青年・中年底層階級男性），觀察這個群體的真實情況。他們是男性飛特族以及幾乎可說「走投無路」的「中年飛特族」。由於這個群體是整個底層階級的重要核心，接下來會再將其與其他階級和群體做比較，看到現實中的更多面向。

不過在正式進入討論之前，筆者想先談談一則涉及年輕人的言論，那便是：「儘管身處就業情況惡劣與貧窮化的社會，現在的年輕人仍對生活感到滿意並覺得幸福。」然而真是如此嗎？數據所呈現出來的年輕人距離幸福十分遙遠，不如說與絕望僅有一牆之隔。

一、哪裡有幸福的年輕人？

二〇一一年，《絕望國度裡的幸福年輕人》這本書大獲好評。作者是年輕的社會學者古市憲壽。這本書從歷史的角度對年輕人與青年理論進行考察，學術性內容相當豐富，其主要的觀點筆者轉述如下。

從二〇〇五年左右開始，因從事非典型勞動而導致生活苦不聊生的年輕人增加了，再加上就業困難、網咖難民等現象，使大眾傳播媒體聚焦且強化了「年輕人不幸福」、「年輕人很可憐」這樣的印象。然而實際上現在的日本年輕人認為自己「很幸福」。古市所提出的佐證為圖表4-1，一項由內閣府[1]所做的國民生活輿論調查，以年齡來看男性的生活滿意度。

1 譯注：相當於台灣的行政院。

就從最舊的數字開始看起吧。

在一九七〇年代對生活感到滿意的人，二十歲世代的年輕人比例很低，而後數字隨著年齡層的上升開始增加。這種走勢在一九八〇年代和一九九〇年代基本上也保持不變。然而到了二〇〇一年，對生活感到滿意的年輕人比例大幅增長，反倒是四十至六十歲世代跌了下來。這種走勢在圖表上呈現U型曲線。二〇一〇年的調查結果也維持了這樣的走勢。因此才說現代日本的年輕人比成年人更「幸福」。

圖表 4-1 ▼ 從不同世代看生活滿意度的趨勢（男性）

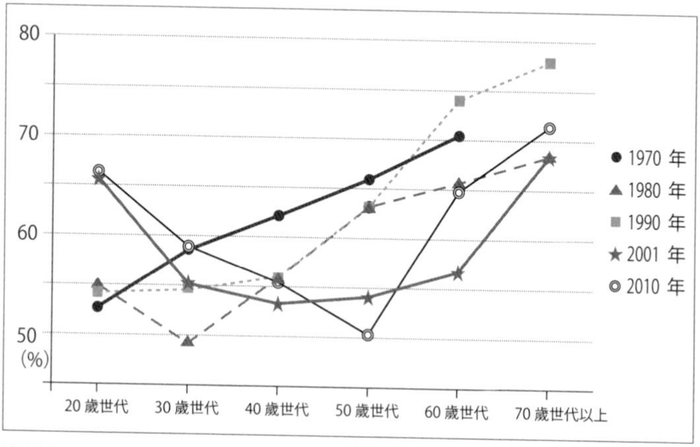

資料來源：古市憲壽，《絕望國度裡的幸福年輕人》（講談社）
注：原始資料出自內閣府「國民生活輿論調查」。「滿意」與「還算滿意」的合計。

然而古市也非認為年輕人對生活感到滿足就好。他在書中同時也引用了其他數據，說明年輕人對社會整體感到不滿，同時對於自己的未來抱持著巨大的不安。

年輕人對生活感到滿意，且擁有幸福感。但對於社會的滿意度卻偏低，對未來感到不安。這種乍看之下相互矛盾的情感所為何來呢？古市在此引用了社會學者大澤真幸的主張。

事實上大澤在古市撰寫該書的數個月前，曾根據NHK放送文化研究所從一九七三年起所做的意識調查，與前述內閣府調查結果等資料，提出了跟古市幾乎相同的看法。

說自己「很幸福」表示其實不幸福？

大澤的主張如下：現代社會存在著許多困難，這些衍生出來的負面影響大多是由青年世代來承擔。經濟不景氣導致就業困難，影響的不是原本就擁有工作的中高年人，而是年輕人。年金制度在未來有可能宣告破產，傷腦筋的也是年輕人。同樣的，地球環境日漸惡化，受苦的還是年輕人。依循這樣的思路，年輕人的幸福感低落也是可想而知。然而現實卻完全不是如此。大澤透過圖表 4-2 中的調查結果來說明他的觀察。在一九七三年的結果中可以看到，年輕階層特別是男性對生活感到滿意的比例很低，這個數字隨著年齡的增長而提高。然而在二〇〇八年的結果中，年輕階層特別是男性回答「滿意」的人數大幅增加。這甚至包含了大眾認定為不幸世代的「失落世代」（Lost Generation）年輕人。大澤據此看出年輕人，尤其是男性的幸福感「壓倒性地高」。

然而大澤認為，年輕人回答「自己很幸福」可能正表示他們其實很不幸福。「對現在的生活感到滿意嗎？」、「你現在幸福嗎？」列在問卷上的這些問題，問的並不是具體發生的事，而是針對人生的整體概況。因此基本上人們對於這樣的問題不太會回答「不滿意」或「不幸福」。因為這樣的回答等同在否定自身的

圖表 4-2 ▼ 1973 年與 2008 年　日本人「整體生活滿意度」

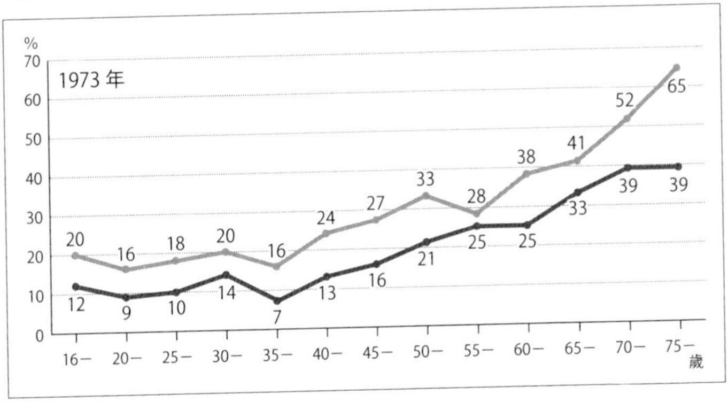

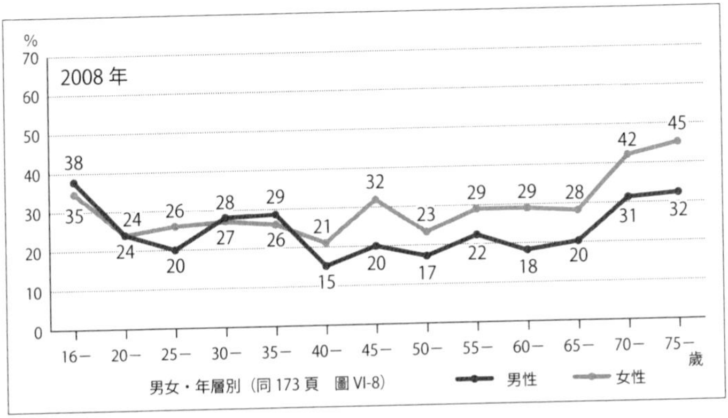

資料來源：大澤真幸，〈回答「很幸福」的年輕人的時代〉。

注：原始資料出自ＮＨＫ放送文化研究所「『日本人的意識』調查」。回答「滿意」的比例。

人生意義。那麼回答「不滿意」或「不幸福」的都是哪些人呢？大澤認為能做出這樣回答的，或許都是內心覺得「不幸福」與「不順利」都是僅限當下，未來一定會比現在過得更好的人。如此一來，即使回答「不滿意」或「不幸福」也不會在根本上否定自己人生的價值。相對的，無法認為未來會比當下更幸福的時候，人們就只能回答「現在的生活很幸福」。餘生不長的高齡人士多數回答「滿意」和「幸福」的原因正是如此。因為未來所剩的時間已經不多了，也預想不到還能有什麼比現在更幸福的事情，這時人就會判定自己是幸福的。同理可證，現代的年輕一代回答「自己很幸福」，不就是因為認定了自己未來不會比現在更幸福嗎？也就是說，「幸福」這種回答，正是現在不幸福的表態。這便是大澤的主張（出自《可能的革命》）。

古市在這樣的想法之上，提出以下的結論。

> 現在的年輕人已經無法單純地相信「明天會更好」了。展開在自己

眼前的是「無止盡的日常」。因而只能認為「現在很幸福」。原來當人們對未來失去「希望」之後，就能品嘗「幸福」了。（出自《絕望國度裡的幸福年輕人》）

從數據看出年輕男性的自覺不幸

究竟現代的日本年輕人是否真的覺得自己幸福？

在詳加探討以前，筆者想先將古市與大澤的主張中共同的疑點提出來討論。他們主張回答「對生活感到滿意」的年輕人認為「自己是幸福的」，也就是替滿意當下生活與自覺幸福畫上等號。而且在古市的歸納中，回答「還算滿意」的人，也被歸類到「幸福」中。這樣的做法是否妥當呢？

圖表 4-3 是依年齡和性別分類，將二〇一五年ＳＳＭ調查數據中回答「對生活感到滿意」的比例，與自覺「幸福」的比例繪製成圖表。先前的圖表 3-4 僅顯

示「滿意」的比例，但此處筆者沿用古市的標準，將「滿意」與「還算滿意」都合計為「滿意」一項。

的確，年輕人回答「對生活感到滿意」的比例很高。女性的滿意度尤其高，而且是無論哪個年齡層都很高，並非只限年輕人。相比之下，男性這邊二十歲世代的滿意度為百分之七十六・九，確實很高，不過和其他年齡層的差距也僅在百分之四至百分之八之間，並

圖表 4-3 ▼ 以性別和年齡看生活滿意度與幸福感

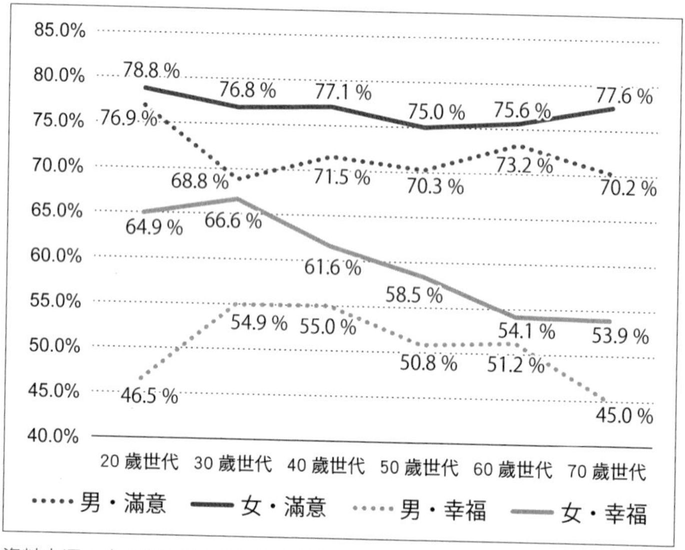

資料來源：由 2015 年ＳＳＭ調查計算得出。

注：「滿意」為「滿意」與「還算滿意」的合計。「幸福」以 0 至 10 分為範圍，採計 7 至 10 分的比例。

不算相差很大。而高齡者的滿意度雖然也保持在偏高的水準，不過相較於其他年齡層倒也不算突出。

然而，再看幸福感則發現情況完全不同。首先可以看到，高齡者的幸福感不分男女皆不強。女性認為自己幸福的比例在三十歲世代達到高峰，之後則一路下滑。男性的高峰落在三十至四十歲這個區段，後面也都偏低。這裡所呈現出來的事實，和大澤「高齡者因餘生有限，傾向於認為自己幸福」的說法完全相反。那麼二十歲世代的年輕人是什麼情況呢？女性有百分之六十四．九認為自己是幸福的，這個比例與三十歲世代相去不遠，幸福感可以說是很強；不過二十歲世代男性僅有百分之四十六．五認為自己幸福，這數字逼近七十歲世代的高齡者，是幸福感最低的。所以不如說年輕的男性是最為不幸的一群。

古市與大澤的主張還有一點值得商榷，那就是他們沒有以年輕人的所屬階級這個角度去發展論述。或許由於古市與大澤並非自行進行數據分析，所以也只能如此下結論，但這在我看來卻是個大問題。從一開始古市與大澤的主張，就是把

「雇用情形惡化和就業困難導致年輕人處境變差」當成前提，那怎麼能不實際去確認處境變差的年輕人，也就是年輕的底層階級是否抱有幸福感呢？筆者接著就來討論古市與大澤非常關注的底層階級男性。

二、不幸與絕望帶來憂鬱

底層階級男性身陷無法相信「明天會更好」的處境中，是否真的會如古市所言，認為自己「現在很幸福」？答案很明顯是不會。不僅稱不上幸福，真要說的話反而更接近不幸。這一點只要檢視圖表 4-4 就能一目了然。

認為自己幸福的底層階級男性比例，在二十歲世代僅百分之三十五，到了三十歲世代更降至百分之二十二．七。相較之下，其他階級男性的比例，在二十歲世代有百分之五十一．三，三十歲世代有百分之五十九．二。底層階級男性與其他階級男性的差距，在二十歲世代還不算大，但到了三十歲世代則一舉擴大。這是因為二十歲世代的底層階級還有機會脫離泥沼進入其他階級，但這樣的可能性對三十歲世代而言就小得多了。附帶一提底層階級男性的幸福度在四十歲世代也在百分之二十五的低檔盤旋，到五十歲世代稍微回升到百分之三十九．四，但與其他階級（百分之五十二．六）的差距依舊很大。

圖表 4-4 ▼ 底層階級與其他階級的幸福感（男性，20 至 59 歲）

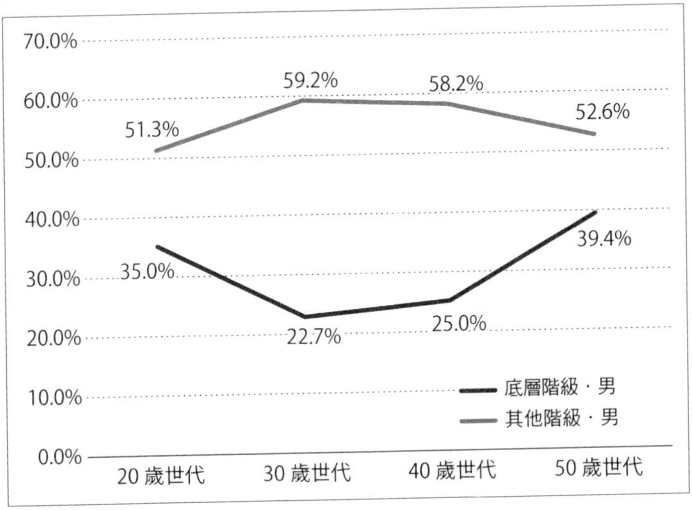

資料來源：由 2015 年ＳＳＭ調查計算得出。
注：幸福度為採計 7 至 10 分的比例。

年輕底層階級男性有憂鬱症傾向

年輕底層階級男性的悲慘現實，只要看他們憂鬱症的傾向就能明白。

二〇一五年SSM調查與二〇一六年首都圈調查，將被稱為K6的憂鬱症測量尺度設計成問題放在問卷中，像是「覺得煩躁」、「感到絕望」、「坐立不安、難以平靜」、「覺得悶，做什麼都提不起勁」、「無論做什麼都嫌煩」、「覺得自己毫無價值」等六個項目。接著讓回答者從「總是」、「多半」、「時常」、「稍微」、「完全沒有」五個選項中選擇符合的程度。每個問題的得分為〇至四分，六個問題加總後的滿分為二十四分，若得分在九以上，得到憂鬱症或焦慮症的可能性較高。

圖表4-5所顯示的是底層階級與其他階級在得分九分以上的占比。從圖表可知，得分九分以上的占比以年輕人居高，但底層階級與其他階級之間的差別非常明顯。二十歲世代的底層階級男性得分在九分以上有百分之四十二．五，其他階

級較低，有百分之二十八・七。這個比例隨著年齡增加而下滑，但底層階級與其他階級的差距，即便到了五十歲世代也沒有縮小太多。

比起更成熟的大人，年輕人致鬱的傾向更強烈。「感到絕望」、「覺得悶，做什麼都提不起勁」、「覺得自己毫無價值」等，在這幾項得分較高的都是年輕人。這或許有部分原因是來自年輕特有的纖細易感與不

圖表 4-5 ▼ 底層階級與其他階級的憂鬱傾向（男性，20 至 59 歲）

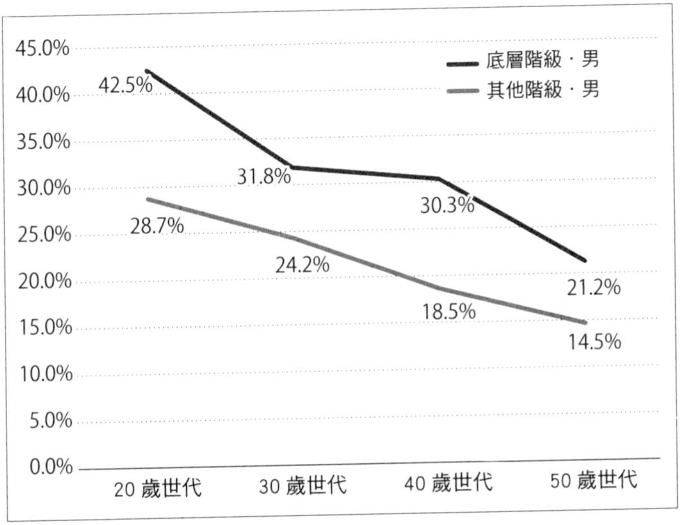

資料來源：由 2015 年ＳＳＭ調查計算得出。
注：K6 得分 9 分以上的比例。

圖表 4-6 ▼ 底層階級與其他階級的憂鬱傾向
（不同項目，男性，20 至 59 歲）

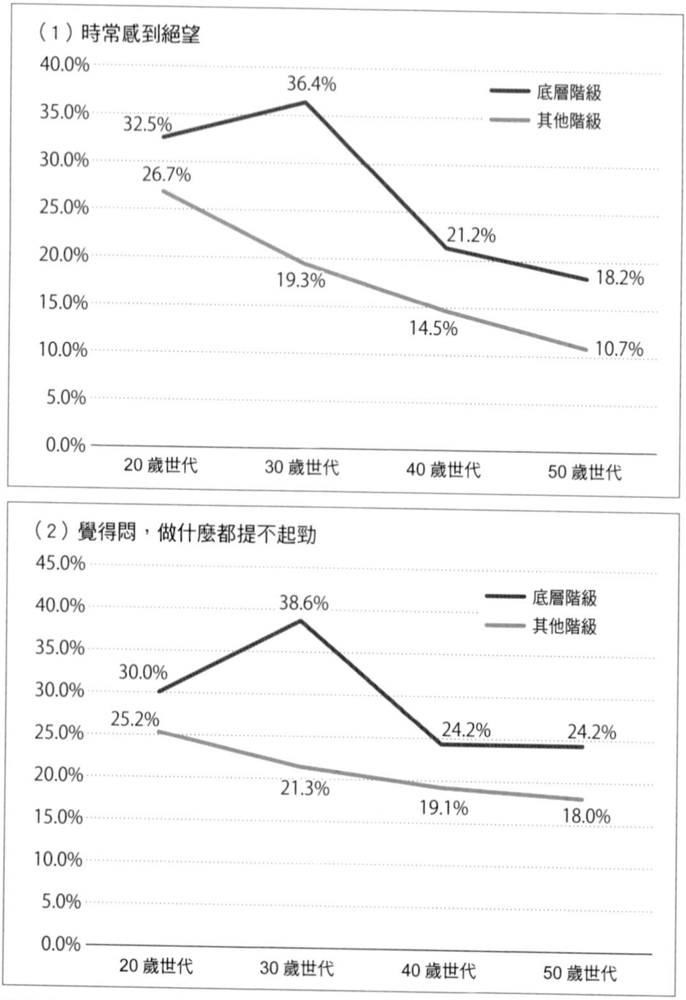

資料來源：由 2015 年ＳＳＭ調查計算得出。

注：「滿意」為「滿意」與「還算滿意」的合計。「幸福」以 0 至 10 分為範圍，採計 7 至 10 分的比例。

成熟，但也並非全然如此。其中存在著階級所導致的差異。因為雇用情形惡化與就業困難而淪落底層階級的年輕人，比並非如此的年輕人過得更加艱困。

為了讓讀者更鮮明地感受年輕底層階級男性的苦，在此將K６指數中最具代表性的兩道問題特別提出來，看看其回答的數據（圖表4-6）。

「時常感到絕望」的男性比例，其他階級在二十歲世代有百分之二十六．七，四個人中就有一個人有這樣的感受，但隨後開始下降，三十歲世代為百分之十九．三，四十歲世代以後降到了百分之十至百分之十五之間。相反地，底層階級在二十歲世代有百分之三十二．五的人感到絕望，三十歲世代的比例達到了百分之三十六．四。對於幾乎難以跳脫底層階級的三十歲世代男性來說，絕望就近在眼前。雖然再往上的年齡層有降低的趨勢，但與其他階級之間的鴻溝還是很大。

「覺得悶，做什麼都提不起勁」問題的回答情況也幾乎相同。其他階級在二十歲世代的比例為百分之二十五．二，之後逐漸下降。相較於此，底層階級在二十歲世代有如此感受者為百分之三十，在此階段與其他階級的差距仍不大，但一進入三十歲世代便急速上升至百分之三十八．六。由此可知，三十歲世代的底層階級男性在精神狀態上出現了危險的徵兆。

底層階級男性，特別是二十至三十歲的年輕男性，在精神上可說是被逼到了絕境。年輕

圖表 4-7 ▼ 曾經就醫診斷、治療憂鬱症或其他心理疾病者的比例（男性，20 至 59 歲）

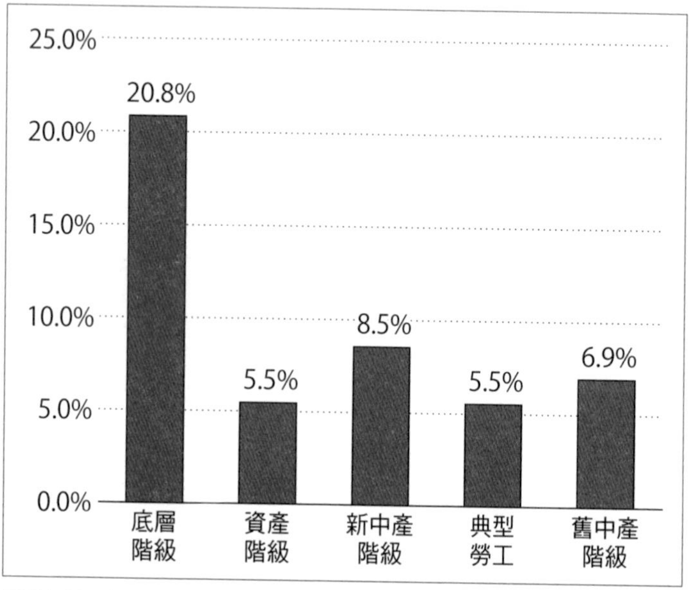

資料來源：由 2016 年首都圈調查計算得出。

男性根本談不上幸福，在雇用情況惡化的大環境下，他們是最慘的犧牲者，與絕望僅有一牆之隔。

底層階級的精神症狀嚴重到甚至需要不定時就醫尋求治療。圖表4-7是以階級來看「曾經就醫診斷、治療憂鬱症或其他心理疾病」者的比例。底層階級有百分之二十．八的人曾有過這樣的就醫經驗。在圖表中雖沒有顯示，但若只取二十歲世代男性來看，其比例高達百分之四十四．四。反觀其他階級的比例，僅在百分之五至百分之八之間。底層階級與其他人的差別非常清楚地呈現出來。

三、得不到企業的好處

在前面的討論，筆者為了突顯年輕底層階級男性的形象，均採用以年齡為主的統計數據，但在此要將目光轉向整個青年・中年底層階級男性群體。用來做比較的對象是同為受雇者的新中產階級男性與典型勞工。

透過圖表4-8可以觀察與比較三個受雇者階級在職場上的處境與境遇。

全體在「能發揮自己的能力」與「活用自己的經驗」這兩項的比例都不高。比例最高的新中產階

圖表 4-8 ▼ 受雇者的工作與處境（男性，20 至 59 歲）

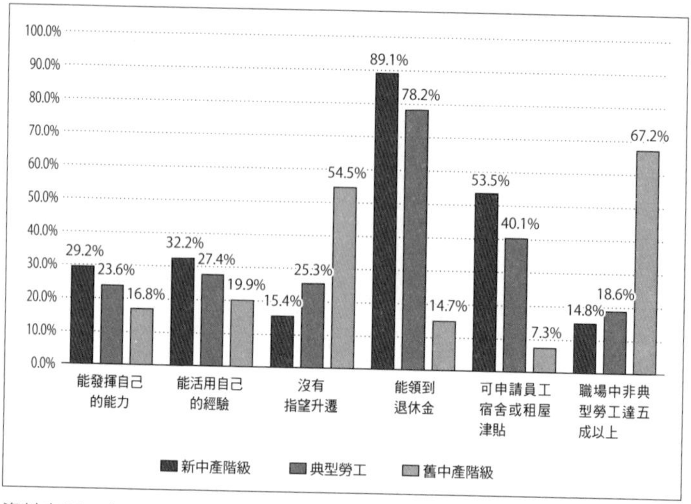

資料來源：由 2015 年ＳＳＭ調查計算得出。

注：「能發揮自己的能力」與「能活用自己的經驗」兩項為回答「符合」的比例，不含「還算符合」。「沒有指望升遷」項目，是從「相當有」、「還算有」、「哪邊都不好說」、「不太有」、「沒有」、「沒有比現在更高的職位」等六種回答中，選擇「沒有」者的比例。

級也不過在三成上下。事實上資產階級的比例約五成，舊中產階級達到六成。果然受雇者就是受雇者，聽從雇主的指令行事是最基本的，能否發揮能力或活用經驗可能居於次要。

雖說如此，三個階級之間的落差依然不小。有百分之二十九．二的新中產階級覺得「能發揮自己的能力」，相對地只有百分之十六．八的底層階級如此認為。另外，在「能活用自己的經驗」這個問題，新中產階級的比例為百分之三十二．二，而底層階級則只有百分之十九．九。其工作內容為純粹聽命行事的這種底層屬性，在此一覽無疑。

底層階級也鮮少有升遷的機會。關於是否能指望升遷，回答「否」的人在新中產階級有百分之十五．四，典型勞工有百分之二十五．三，但底層階級卻些微超過五成，來到百分之五十四．五。附帶一提底層階級回答「相當有機會」的僅百分之二．二，回答「某種程度上有可能」的有百分之九。當然這裡探討的群體主要都從事非典型勞動，說升遷應該也沒辦法升到哪裡去。

日本企業的慣例不起作用

日本的許多企業制度都是為了促進長期雇用而設計出來的。年資愈長工資愈高這種年功制度就是其中的代表，除此之外也有各式各樣的制度，像是退休金和福利制度。許多的大型企業，在戰前便已導入了退休金的制度，員工的退休金會隨著年資呈加速度增長。因此對於員工而言，在一家公司待到退休是最為合理的工作型態。

只是在戰前，白領和藍領的退休金額度有很大差異。換句話說，新中產階級的退休金很多，而勞動階級的則很少。以三菱長崎造船所為例，任職二十五年的退休金，社員（高等教育文憑的幹部職員）可領一百九十個月，準社員（中等教育文憑的事務員）可領六十五個月。相較之下職工只能領六百一十天的日薪，換算起來不過二十五個月（出自野村正實《日本的雇用慣例》）。但在戰後企業民主化運動的風潮下，白領與藍領的落差被弭平了，這個新的慣例也沿用至今日。

由於計算退休金的基準是月薪金額，其落差不能說完全消失，不過給付月數基本上是相同的。

然而非典型勞工則是另一種情況。回答「能領到退休金」的比例，新中產階級為百分之八十九・一，典型勞工為百分之七十八・二，底層階級只有百分之十四・七。底層階級基本上可算是與退休金無緣的一群。

在福利制度中，金額比較大、甚至影響整體家計支出的，就是跟居住有關的津貼。具體來說就是員工宿舍的提供與住宅補貼。然而觀察圖表，回答「可申請員工宿舍或租屋津貼」的比例，新中產階級有百分之五十三・五，典型勞工有百分之四十・一，而底層階級的比例僅百分之七・三。這種以典型雇用為主的制度，完全將底層階級排除在外。

事實上，很多底層階級是連同整個職場都與典型雇用切割開來的。對於「在自己所處的職場中，有多少人屬於非正職員工？」這個問題，有百分之六十七・二的底層階級回答「超過五成」；而新中產階級有百分之十四・八，典型勞工有百分之十八．六。底層階級有別於大部分典型勞工，處在一個底層階級占多數的職場裡工作。附帶一提「超過五成」這個比例，在擔任銷售工作的底層階級男性是百分之九十三．三。他們簡直就像是生活在另外一個世界。

四、成長於嚴峻的環境，又遭到學校排擠

底層階級的人多半生長於問題叢生的家庭環境。當然不是說所有人都是這樣，就連大部分也稱不上，但這樣的比例很高卻是不爭的事實。圖表4-9便說明了這一點。

調查十五歲時的家境所得到的結果，底層階級男性有百分之十七．八回答「貧窮」。家庭的文化教養環境也不一樣。以往許多研究結果皆顯示，家庭的

文化教養環境對於小孩的教育程度有很大的影響。二〇一五年SSM調查中，把十五歲時家中的藏書量（雜誌、教科書、漫畫不算在內）視為家庭的文化教養環境指標。各群體對於「十冊以內」的回答分別為：底層階級百分之三十七．一，是所有群體中最多的。新中產階級跟預期一樣很少，有百分之十三．二。典型勞工為百分之三十．一，舊中產

圖表 4-9 ▼ 家庭環境的差異（男性，20 至 59 歲）

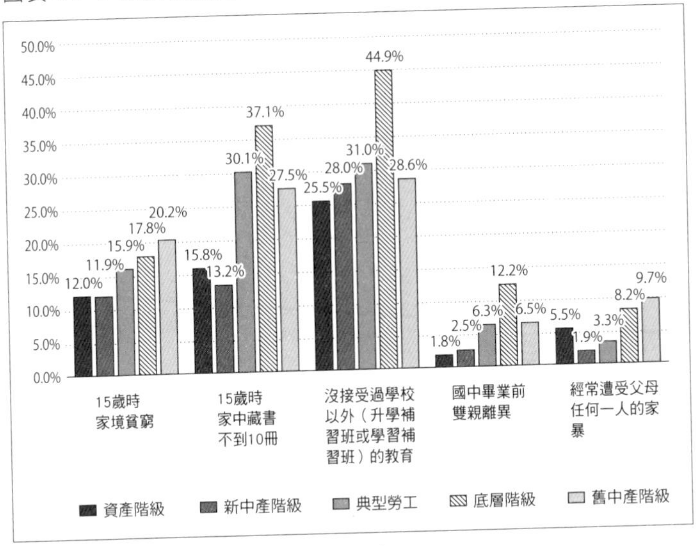

資料來源：由 2016 年首都圈調查計算得出。

注：「15 歲時家境貧窮」為「貧窮」與「稍微貧窮」的合計。

階級則是百分之二十七．五。

從以上的結果，自然能看出不同階級對小孩的教育投資有一定程度上的差異。另外，問及「讀國中、小時是否曾上過半年以上升學補習班或學習補習班？家長是否曾經請家教伴讀指導？」時，底層階級有百分之四十四．九的人回答「沒有」，而其他四個階級的比例均在百分之三十上下，差距並不太大。

國中畢業前雙親離異的比例，底層階級達百分之十二．二，算是很高。新中產階級只有百分之二．五，稍高的典型勞工與舊中產階級也只有百分之六左右，在這一點上相當不一樣。曾遭受雙親任何一人施以家暴的比例，底層階級亦有百分之八．二。這和舊中產階級一樣高，不過同為受雇者的新中產階級則只有百分之一．九，典型勞工百分之三．三，皆偏低。上述每一項的比例都僅約一成上下，並不能說家庭不和睦與雙親有暴力傾向就是底層階級男性的典型家庭背景。不過在這樣背景下成長的底層階級男性，確實存在著一定數量的人對人生感到迷惘。

從以上的討論可以了解到，底層階級所生長的家庭環境是相當複雜的。可以想像他們和新中產階級差異甚大，與典型勞工相比也很不一樣。底層階級的家庭環境，在經濟上屬於貧窮，也缺乏文化教養的環境，家長對小孩的教育投資不多，甚至伴隨著家庭失和與暴力相向。如此親子之間就形成貧窮的循環。

霸凌、拒絕上學……來自學校的種種排擠手段

不同階級的人，其就學經驗也大不相同。簡單來說就是許多底層階級男性都曾有過被學校教育排除在外的經驗。圖表4-10便展示了這一點。

首先，他們的成績表現普遍不佳。國中三年級時成績便位於後段的比例，底層階級一枝獨秀來到百分之四十九・三。典型勞工也較其餘群體來得多，有百分之三十七・一；新中產階級僅有百分之十四・八。這個關於成績的問題，作答者比較的對象是自己就讀學校中整個學年的成績。很可能底層階級就讀的學校位在住民教育水準及所得水準偏低的區域，而新中產階級則在水準較高的區域受教

育。因此實際上的差距或許比數字所顯示的還要更大。

曾在學校遭受霸凌的人也很多。底層階級曾被霸凌的比例竟有百分之二十八．六，這是非常具有衝擊性的數字。

曾經拒絕上學（參見「沒有生病卻經常請假」一項）的人也很多，占底層階級百分之十．二。新中產階級僅百分之一．九，典型勞工也只有百分之二．六。不

圖表 4-10 ▼ 被學校排擠的情況（男性，20 至 59 歲）

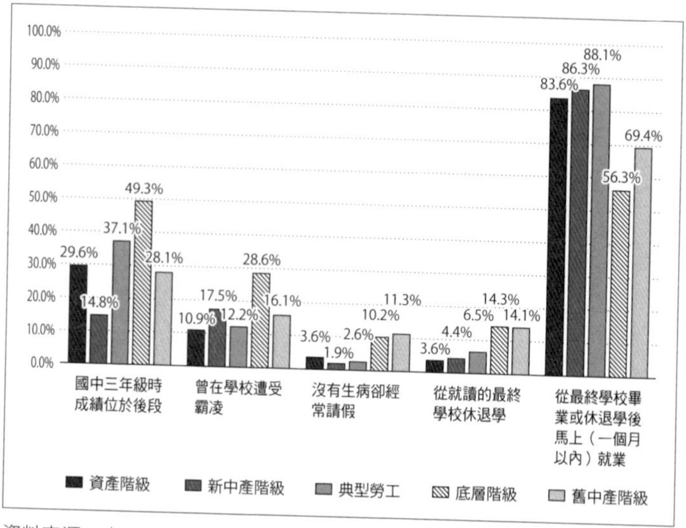

資料來源：由 2016 年首都圈調查計算得出。

注：「國中三年級時成績位於後段」一項為「後段」與「中後段」的合計。

過舊中產階級的數字百分之十一．三還超過了底層階級。

學校教育最後的排除手段，就是休退學。有百分之十四．三的底層階級從他們就讀的最終學校休退學。很明顯地，從學校中輟是跌落底層階級的關鍵因素。順帶一提舊中產階級在這個項目的比例也很高，來到百分之十四．一。

看到底層階級中有這麼多休退學的人，自然很容易可以想像得到一般休退學的人之中，也有相當大的比例成為了底層階級。問題是多到什麼程度呢？文部科學省所做的發展調查對象，基本上只限於從學校正式畢業的人，因此不太能觀察得到休退學的人其後的發展。但是在二〇一二年進行的調查與分析結果報告中，可以得知概況（勞動政策研究與研修機構「大學等教育機構休退學者的就業勞動意識相關研究」，唯統計數字以性別區分）。根據這份研究報告，高中休退學者中成為正職員工者的比例為百分之三十一．九，不曾成為正職員工者為百分之四十九．四，沒有就業經驗者為百分之十三．五（就業型態不明者百分之五．八）。此外，從大學或研究所休退學的人，有百分之三十三．九的人成為正職員工，但也有百分之四十五．七的人不曾成為正職員工，百分之十三．九的人沒有就業經驗（百分之六．五為就業型態不明）。短期大學與專門學校的休退學者統計出來的比例也差不多。二〇〇〇年以後，每年平均會出現五至十萬個高中輟學生，以及四至八萬個從大學休學或退學的學生，這些都是底層階級主要的新血來源。

另外，無法從學校順利轉換到職場，亦即無法迅速找到工作，也是成為底層階級的關鍵契機。如同圖表4-10最右邊的條狀圖所顯示的，百分之八十六．三的新中產階級、百分之八十八．一的典型勞工都是幾乎一畢業就找到工作的。但底層階級的這個數字只有百分之五十六．三。

畢業後沒幾年就轉為非典型勞動

接著簡單瀏覽底層階級男性離開學校後的經歷。如上一章最後所談到的，百分之四十三．四的青年．中年底層階級男性從第一份工作開始就已淪為底層階級了。而其餘百分之五十六．六的人，其從事第一份工作時所屬的階級，有百分之四十六．七是典型勞工，百分之七．九是新中產階級。然而，這些人有百分之五十四．七在三年內辭去工作，六年內辭去工作者更高達百分之五十．二。他們辭職的理由，最高達百分之三十七．三的是「對職場環境抱持不滿」，「找到更好的工作」這種比較積極的回答也有百分之二十四。其餘則是「公司倒閉、歇業、裁員等」、「其他」（各占百分之十．七）和「健康因素」（百分之五．三）。而辭掉第一份工作以後，有百分之三十一．八的人跌落底層階級，百分之十五．三成為失業者。如此，在畢業後數年之間，底層階級便膨脹起來了。

五、孤獨與健康情況不佳

青年‧中年底層階級男性，特別是年輕族群容易擁有心理疾病，這點在前面已經談過了。那麼關於身體的健康狀態又是如何呢？這一點可以來看看主題為健康狀態與健康習慣的圖表4-11。

資產階級擁有良好健康狀態的人比例特別高，居次的是新中產階級。舊中產階級的比例低於前面兩個階級，但比典型勞工稍高。底層階級的比例格外地低，比典型勞工低了八個百分點。

因受傷、生病或疼痛等生理上的原因而影響工作和生活的比例，除了底層階級以外都偏低，大約在百分之二至百分之三之間。但底層階級的比例高達百分之十‧四。

在注重飲食營養均衡這個項目上，資產階級與新中產階級的比例很高，舊中產階級次之。在這個項目上可看到典型勞工的結果頗引人注目，它的比例僅百分之三十九．三，比底層階級的百分之四十二．九更少。但許多典型勞工是有配偶的，想必飲食的營養均衡是由妻子來注意的。

有運動習慣者的比例，資產階級為

圖表 4-11 ▼ 健康狀態與健康習慣（男性，20 至 59 歲）

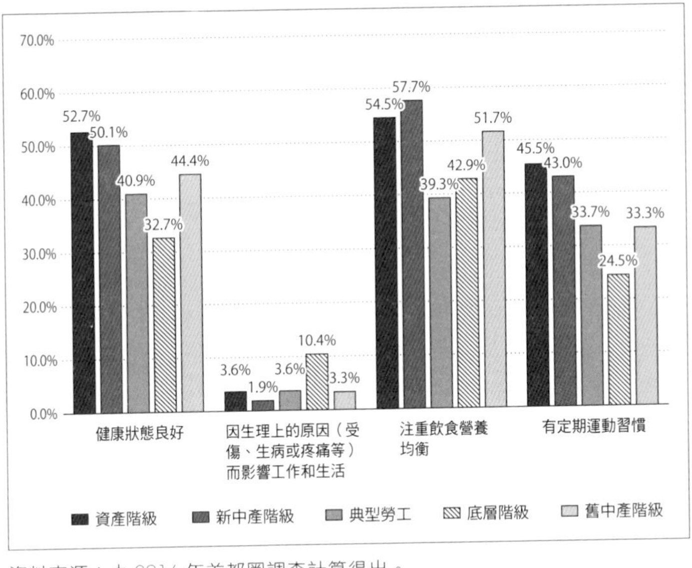

資料來源：由 2016 年首都圈調查計算得出。

注：「健康狀態良好」一項為「良好」與「還算良好」的合計。「因生理上的原因（受傷、生病或疼痛等）而影響工作和生活」一項為「總是」與「多半」的合計。「注重飲食營養均衡」和「有定期運動習慣」兩項為「符合」與「還算符合」的合計。

相當高的百分之四十五·五，新中產階級百分之四十三次之。典型勞工與舊中產階級都在百分之三十三左右，但底層階級僅百分之二十四·五，比例格外的低。

總的來說，從健康落差這個角度來看，底層階級的窘境十分明顯，與其他階級的不同也相當顯而易見。

連身高和體重也看得見落差

二〇一六年的首都圈調查，是以社會科學類調查來說也算比較罕見的，從健康狀態的標準到身高、體重等問題都放進了問卷

圖表 4-12 ▼ 從階級看身高和體重（男性，20 至 59 歲）

	身高（公分）	體重（公斤）
資產階級	173.2	72.9
新中產階級	171.5	68.1
勞動階級	170.9	69.7
底層階級	169.4	65.8
舊中產階級	170.8	69.6

資料來源：由 2016 年首都圈調查計算得出。

裡。原本設想在這些方面應該不太有什麼差異，但試著用不同階級的數據去進行統計，其結果令筆者大吃一驚。此處的結果雖只限男性，但從圖表4-12可清楚看到階級之間連身高和體重都呈現出差異。

身高最高的要屬資產階級，平均為一百七十三．二公分。根據文部科學省所做的「學校保健統計調查（二〇一六年）」，十七歲男子高中生的平均身高為一百七十．七公分，看來資產階級還高了二．五公分。其次為新中產階級的一百七十一．五公分。反觀底層階級是一百六十九．四公分，比資產階級矮了三．八公分，也比新中產階級矮了二．一公分。這個差距在統計學上是有顯著性差異的。在體重上的差距就更大了，最重的資產階級是七十二．九公斤，接著依序為勞動階級、舊中產階級和新中產階級。底層階級的六十五．八公斤比倒數第二的新中產階級少了二．三公斤。在統計學上，底層階級和資產階級、勞動階級之間有著顯著性差異，若將顯著水準設為百分之十，便和舊中產階級也有顯著性差異（與新中產階級之間則無）。

「連結」與「信任」也遭到截斷

接著來談談這些年來受到關注的社會資本（social capital），這也是左右健康狀態的重要因素。也有人將之譯為社會關係資本，指涉的是人與人之間的信任關係以及人際網絡。若能建構起與他人的信任關係以及能相互支持的人際關係網絡，便較容易維持在健康狀態，一旦出了什麼突發狀況，也能獲得支援。然而各階級間的社會資本也存在著落差，尤其底層階級男性更是格外地缺乏。這種狀況可透過圖表 4-13 與 4-14 來了解。

圖表 4-13 所顯示的是不同階級的普遍信任程度。所謂的普遍信任，指的是對不認識的他人所抱持的普遍信任感，是社會心理學經常使用的概念。若普遍信任感偏低，人們將不易與他人展開協同合作。此時便會容易認為即使與他人協同合作也會遭受欺騙而導致只有自己吃虧，很難主動踏出信任的第一步。反過來說，在普遍信任程度較高的情況下，人與人之間容易形成互助的關係。圖表呈現

圖表 4-13 ▼ 從階級看普遍信任程度（男性，20 至 59 歲）

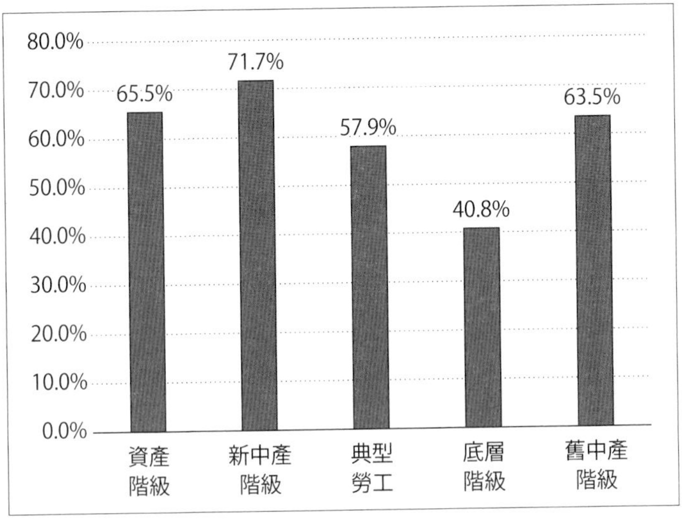

資料來源：由 2016 年首都圈調查計算得出。
注：在「對他人普遍感到信任」的提問中，回答「同意」與「還算同意」的比例。

圖表 4-14 ▼ 從階級看足以信任的家人、親戚與朋友、有交情者的人數（男性，20 至 59 歲）

	家人、親戚	朋友、有交情者
資產階級	8.4	12.1
新中產階級	6.8	7.3
典型勞工	8.5	8.8
底層階級	4.9	3.2
其中無配偶者	3.8	2.9
其中有配偶者	7.3	4.4
舊中產階級	8.5	11.1

資料來源：由 2016 年首都圈調查計算得出。
注：「朋友、有交情者」一項，不計入回答「超過 200 人」的取樣。

了普遍信任強烈的人所占的比例。

底層階級的普遍信任格外的低，信任感強烈的人僅占百分之四十．八，是其他階級與群體的三分之二而已。這也表示底層階級難以與他人協同合作。

圖表4-14，呈現的是「平時較親近與足以信任的家人、親戚與朋友、有交情者」的人數。要附帶說明的是，回答友人、有交情者達數百人的問卷，因為會大幅拉高平均值，故不列入統計。

在這項統計中，也能看到底層階級突出的異質性。家人、親戚只有四．九人，但朋友、有交情者僅三．二人，這數字只有其他階級與群體的三分之一到四分之一而已。更誇張的是無配偶者的家人、親戚為三．八人，朋友、有交情者僅二．九人。底層階級男性遭到整個社會的孤立，處於難以與他人協同合作，也鮮少有機會得到他人支援的處境。

在此也順帶提出二〇一五年SSM調查的數據。青年・中年底層階級男性中，獨居者占全體百分之十七．一，偏低的數字令人有點意外。與妻子同居者占百分之二十五．七，而妻子的職業有百分之四十六．一為非典型勞工，百分之四十四．一為無業。同居家人比例最高的是父母，有百分之六十．五的人與父母同住。

說到與父母同居的底層階級男性，很多人應該會認為他們在經濟上依賴父母，是所謂的「單身寄生族」。的確是有這種人存在。這邊筆者再提出「家戶所得貢獻度」的數據，看看他們的收入在家戶所得中占了多少比例。與父母同居的底層階級男性，他們的家戶所得貢獻度有百分之二十二．二的人未滿百分之二十五，百分之五十五．六的人未滿百分之五十。不過反過來說，有百分之四十四．四的人的家戶所得貢獻度在百分之五十以上，可以說是由他們在扶養父母。另外，與妻子同居的底層階級男性，家戶所得貢獻度未滿百分之五十的人只有百分之十八．八。底層階級中，在經濟上依賴其他家人的比例意外地低，其本身就是主要所得來源的比例還比較高。

六、底層階級微小的希望

看了以上的分析，會很想說底層階級真是太絕望了。出生於貧困的成長環境、家人之間也存在問題，教育條件更是十分惡劣。在校成績積弱不振，很多人還曾遭受霸凌。就業不順利，就算找到工作也很快就離職了。有很高比例的人未婚，而且很可能一輩子結不了婚。檢視自身生活後覺得日日為了生計所苦，對工作與生活均有諸多不滿，認為自己不幸福、人生沒有任何價值，深陷絕望。實際上有許多人不論身心皆有諸般問題。在職場上毫無升遷的可能，也享受不到福利制度的好處，這就是底層階級男性的現實處境。

小小的希望何在？

確實，現實處境一片黑暗，但仍然有希望。因為底層階級男性是一股具有潛力成為改變日本現狀的重要勢力。

接著讓我們來檢視問卷中關於階級落差的現狀以及該如何消弭落差等問題的回答（圖表4-15）。資產階級與新中產階級對於「現在日本的所得落差太大」這項事實較傾向於不接受。而相對的，

圖表4-15 ▼ 階級落差與消弭落差的想法（男性，20至59歲）

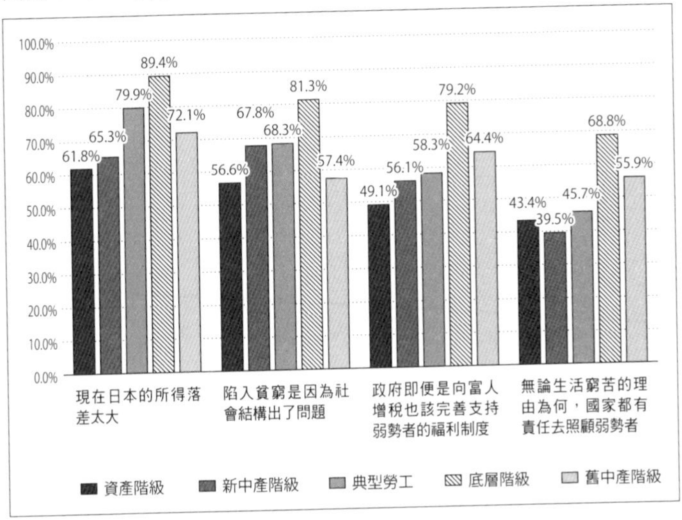

資料來源：由2016年首都圈調查計算得出。
注：每項皆為「非常同意」與「還算同意」的合計。

底層階級男性則明確地支持這個說法。將「還算同意」計入之後的比例為百分之八十九．四，斬釘截鐵地回答「非常同意」者，也有百分之四十二．六，他們對日本現狀所提出的評斷相當明確。

關於現代日本的貧窮階層，底層階級並非站在「陷入貧窮都是自己的錯」這種自我責任論的陣營，反而有高達百分之八十一．三的人認為「陷入貧窮是因為社會結構出了問題」，這也是底層階級男性的特徵之一。只要是跟貧窮有關的問題，底層階級男性的想法便脫離自我責任論而相對地比較自由。而資產階級與新中產階級並不願意接受貧窮是社會運作規則所導致的想法。

此外，底層階級男性態度堅定地支持應該進行所得再分配，對富裕的人增稅來充實弱勢者的福利制度。有百分之七十九．二的人如此認為，其比例壓倒性的高。反觀對於所得再分配的想法消極應對的是誰呢？資產階級的消極是可以想像得到的，另外還有新中產階級，而令人吃驚的是就連典型勞工也幾乎和資本階級一致。這結果不禁讓人想到在第二章介紹高伯瑞時所點出的，「富足的多數派」

一旦認同對富裕階層增稅與所得再分配，那麼很可能自己也得繳更多的稅，因此不會去計較富裕階層的高所得。

最後一項則是每個階級與群體對於「無論生活窮苦的理由為何，國家都有責任去照顧弱勢者」的態度。這項加上了「無論理由為何」補注的問題，問的是對於生活困苦者的無條件救助。而所謂的無條件，意味著要把因為個人的怠惰而陷入貧窮的人也納入救助對象。儘管如此，底層階級中也有百分之六十八・八的人同意這個說法。這結果很明顯地將底層階級與其他階級與群體區分開來。大部分資產階級、新中產階級與典型勞工對此態度一致，都是不同意這個說法的。底層階級自覺與「富足的多數派」呈現對比，他們恐怕是覺得如果將因怠惰而貧窮的人以自我責任論加以切割，那麼自己所處的貧窮處境將更為險峻吧。

筆者會在第八章展開更詳細的說明。在這裡要說的是，現在的日本並不存在能夠代表底層階級利益的政黨、工會與團體。他們在政治上是毫無抗衡之力的。底層階級很容易受到孤立，也難以組織起來。然而他們理直氣壯地對社會感到憤怒，這卻很有可能聚合出一股改變社會的行動力。若能找出將他們組織起來的模式，他們將對日本政治產生非常大的影響。青年・中年底層階級男性，就是日本未來的希望。

第五章——底層階級的女性

她們走過的路與現在的處境

本章所要討論的是五十九歲以下的底層階級女性（青年・中年底層階級女性）。只是六十歲以上的高齡底層階級女性，與青年・中年底層階級女性之間雖存在些許差異性，但同時也有不少特性是一脈相承的。對於這些一脈相承的部分，筆者會一併在本章加以討論。這些從事著非典型勞動且無配偶的女性，根據二〇一二年的就業結構基本調查結果顯示，共計約四百〇二萬人，占女性就業人口的百分之十五。其中二十歲世代的未婚者占大多數，這點與底層階級男性相同，不過到了四十歲世代則以離異、喪偶者占多數。底層階級在四加一的階級結構中位居最底層，而這群女性即使在底層階級中，也是經濟狀況最為困頓的一群人。

一、即使與人同住，生活仍過得辛苦

青年．中年底層階級男性有一大半為未婚者。與之不同的是，底層階級女性包含了多數離異、喪偶者。然而令人感到意外的是此群體獨居者很少，很多人都是跟父母或者小孩同住。圖表5-1整理了這群女性的家庭組成與家計狀況。為了進行比較，筆者將其他階級（資產階級、新中產階級、典型勞工、兼職主婦與舊中產階級之合計）的數據放在最右一欄。

青年．中年底層階級女性中，僅有百分之十二．三為獨居，其餘皆與家人等人同住。與父母同住者占百分之五十七．二，與小孩同住者占百分之四十．一（由於有調查對象同時與父母及小孩同住，故合計會超過百分之百）。反觀高齡底層階級女性則有百分之四十八．七的比例、將近一半的人為獨居，有百分之四十四．九的人與小孩同住。

圖表 5-1 ▼ 底層階級女性的家庭組成與家計狀況

	青年・中年 底層階級女性			高齡 底層階級女性		其他 女性
	獨居	與父母 同住	與小孩 同住	獨居	與小孩 同住	
組成比例	12.3%	57.2%	40.1%	48.7%	44.9%	–
每週平均工時 （小時）	37.5	34.8	34.0	24.4	22.2	34.0
個人所得 （萬圓）	198	157	164	201	182	225
家戶所得 （萬圓）	221	423	264	205	592	687
年金所得 （萬圓）	–	–	–	91	78	12
貧窮率	38.1%	28.1%	69.2%	30.3%	0.0%	7.8%
縮減醫藥費 的比例	38.5%	19.0%	29.9%	33.3%	30.0%	18.9%

資料來源：組成比例、每週平均工時、所得與貧窮率等由 2015 年ＳＳＭ調查計算得出。為了醫藥費而拮据的比例由 2016 年首都圈調查計算得出。

注：「其他女性」一項，包含資產階級、新中產階級、典型勞工、兼職主婦與舊中產階級。另外，也是有六十歲以上的調查對象與父母同住，但因人數太少而於此省略。一部分調查對象同時與父母及小孩同住，她們在「與父母同住」和「與小孩同住」兩項皆計入。五十九歲以下的調查對象中，也有人正受領年金，不過因為屬於極少數，其年金所得在圖表中暫不呈現。縮減醫藥費的比例，計入回答「原本無支出」者。

工時較長的是青年・中年底層階級女性，平均每週工時在三十四至三十七・五小時之間。這個數字跟其他階級的平均工時幾乎相同。相較之下，高齡底層階級女性的每週工時較短，約二十小時出頭。高齡本身雖也是原因之一，不過應該也有許多人是因為年金所得有八十至九十萬圓上下，所以才沒必要投入那麼多時間去工作吧。雖說如此，六十歲以上的獨居女性只靠平均九十一萬圓的年金是不足以生活的，還得透過參與非典型勞動，方能確保有二百萬圓的所得以維持生計，可見其生活處境的困頓。

相較之下，同樣是六十歲以上與小孩同住的女性，其家戶所得來到五百九十二萬圓，貧窮率是百分之〇。她們因與小孩同住，經濟上應該比較穩定才是，為什麼還繼續工作呢？其關鍵似乎在於她們對於工作的滿意度。如同第三章的圖表 3-5 所顯示的，高齡底層階級女性有百分之四十九・四對於工作內容感到滿意，有百分之三十一・二對工作收入感到滿意。同樣的項目，與小孩同住者的數字也同樣很高，分別為百分之五十二・九與百分之三十五・三。在對工作內容滿意度這項，若計入「還算滿意」的話，數字來到幾乎接近九十的程度。想必有很多人從工作中找到了活著的意義，並對於能靠自己賺取樂活的資金而感到非常滿足吧。在某種意義上，或許把這群過著幸福老年生活的女性稱為「底層階級」並不太適當也說不定。她們的基本家庭支出依賴小孩，靠著年金所得與非典型勞動的收入自由自在地過活，反而應該稱為「反單身寄生族」才對。高齡底層階級女性中很可能存在一群這樣的人，筆者在後續章節會另行討論。

即使有人同住，生活困境亦不見好轉

和前述群體相較之下，青年・中年底層階級女性的生活過得非常艱辛。即便與父母同住，這樣的狀況基本上也沒有改變。

提到與父母同住的未婚女性，四十歲以上的讀者腦海中很可能會浮現「單身寄生族」這個詞彙。筆者在第四章曾稍加提及，但為了增進年輕讀者的理解，下面將對這個詞彙進行詳細說明。

一九九七年二月八日的《日本經濟新聞》晚報版刊出一則新聞報導：〈單身寄生族不斷增殖——依賴父母的富裕生活將助長非婚化與少子化〉。記者根據對社會學者山田昌弘的採訪資料加以彙整成了一篇報導。在該報導中，山田將「不管年紀多大都不離開父母，靠著父母在經濟上的支援過著富裕單身生活」的年輕人，尤其是女性稱為「Parasite single」。Parasite有「寄生」的意思，這個詞直譯過來便是「單身寄生族」。這群年輕人的父母都在五十至六十歲世代之間。父親們在經濟高度成長期順利就職、累積年資，在職場上有相應的位階，即使退休了也不需要在經濟上依賴自己的孩子。這個世代成為母親的人許多都是專職家庭主婦，家事不需要小孩協助。單身寄生族大多擁有自己的房間。自己的薪資幾乎可以自由運用，生活過得奢侈一點也無妨。那她們為何不結婚呢？這是因為年輕男性的經濟能力太差，若結婚離開老家，生活水準極有可能會下降。因此她們並不對婚姻懷有想望。山田認為這些「在父母身邊過著富裕生活的年輕大人」就是造成現今少子化的主要原因。

而後，山田仍繼續發表大膽的言論。他主張由於單身寄生族是少子化的原因，更進而造成了住宅或耐久消費財的需要大幅減少，導致了社會的不景氣（出自《單身寄生族的時代》）。為了維護山田的名譽，筆者必須補充說明。他後來根據社會變遷與新的調查結果，修正了自己的主張。這些單身寄生族男女的處境再後來一改從前，由於非典型勞動型態增加，以及保持未婚狀態的同時父母卻邁入高齡而不得不反過來給予照護，他們的生活絕不能說富足（出自《寄生社會往何處去》）。

「『單身寄生族』就是依賴父母而輕鬆活著的年輕人」這樣的主張並不符合事實。後面還會看到好幾個類似的批評，例如，勞動經濟學者玄田有史認為年輕人之所以寄生，是由於就業情況惡化導致所得銳減，難以獨立生活。也就是說單身寄生族並非不景氣的原因，而是結果（出自《工作中那份曖昧的不安》）。另外，社會學者白波瀨佐和子根據數據分析的結果，發現家有二十歲以上未婚子女的家戶所得並不高，反而應該說是有很多家庭在經濟上，是父母依賴小孩的支持（出自《少子高齡化社會中看不見的落差》）。不管是小孩依賴父母也好，或反過來是父母依賴小孩也好，已成年的小孩與雙親同住的家庭，絕不會是富裕的家庭。

看家計貢獻度發現現實中幾乎不存在寄生現象

然而曾經成為流行語的這個詞彙，也經常令人們對於他人的理解過於僵化。若現在大眾對單身寄生族仍有某些刻板印象，其中最容易受到誤解的群體，應該就是和父母同住的底層階級女性吧。其實際情況是如何的呢？

與父母同住的五十九歲以下底層階級女性，個人所得僅一百五十七萬圓。相較之下，家戶所得為四百二十三萬圓。雖不至於很低，不過貧窮率卻來到百分之二十八．一。這是因為家戶所得六百萬圓以上的富裕家庭雖占了兩成左右，另一方面未滿四百萬圓的家庭卻占了六成。那麼我們可以說她們寄生在父母身上嗎？

關於這一點只要看她們的家計貢獻度，也就是個人所得占家戶所得的比例就可以明白了。根據計算的結果，家計貢獻度在四分之一以下，也就是如字面所述寄生在家庭的人占整體的百分之二十一·九。有百分之五十的人，其家計貢獻度在二分之一以上。有四分之三以上的人貢獻度為百分之十八·八。換句話說，她們有許多人是透過非典型勞動賺取的微薄收入在扶養雙親，甚至連小孩也得扶養的人也不在少數。

與小孩同住的青年·中年底層階級女性，其個人所得不出意料地很少，只有一百六十四萬圓。家戶所得也僅有二百六十四萬圓，貧窮率實際上達百分之六十九·二。依賴小孩的所得來維持家計的家庭並不多，有百分之七十六·九的人家計貢獻度在二分之一以上。而獨居者的個人所得為稍高的一百九十八萬圓（雖然是獨居，但家戶所得二百二十一萬圓卻比個人所得來得高，原因在於有些人把分居家人的所得也算了進去），不過也有百分之三十八·一的貧窮率。

她們用微薄的收入來維持生計，還得縮減許多項目的支出。從圖表 5-1 可看到最令她們苦惱的醫藥費支出數字。青年・中年底層階級女性中，唯有與父母同住的群體，縮減醫藥費支出的比例與其他階級女性沒什麼不同；除此之外的底層階級女性，有三至四成回答需要縮減醫藥費支出。可感受到她們過著孤獨無依的生活。

二、未婚與離異、喪偶是人生的十字路口

接著來看看底層階級女性迄今為止經歷了哪些人生的曲折。SSM調查中詢問了她們過去曾從事過的工作（包含無業期間）。而且對曾結過婚的人詢問了結婚時的年齡，也詢問了離異、喪偶者當時的年齡。因此雖然調查採用的是問卷形式，我們仍然能夠相當清楚地看出調查對象的人生經歷。由於人生經歷中的配偶

狀態，也就是未婚、離異、喪偶，每一項都有很大的差異，首先便要將它們區別開來。

未婚者有高達百分之五十九．八的人，其第一份工作就是非典型勞動，從事典型勞動的人則占百分之三十五．七。在前一章我們了解到青年．中年底層階級男

圖表 5-2 ▼ 底層階級女性的第一份工作

	未婚者	離異者	喪偶者
第一份工作			
典型勞動	35.7%	71.7%	86.2%
非典型勞動	59.8%	22.8%	10.3%
有離職經驗者	76.8%	100.0%	100.0%
辭去第一份工作的原因（有離職經驗者）			
找到更好的工作	30.0%	14.0%	10.3%
對職場環境抱持不滿	28.8%	15.1%	10.3%
家庭因素（結婚或育兒）	2.5%	58.1%	62.1%
辭去第一份工作後的出路（有離職經驗者）			
典型勞動	17.6%	19.4%	16.7%
非典型勞動	48.2%	29.0%	16.7%
無業	29.4%	48.4%	61.7%

資料來源：由 2015 年ＳＳＭ調查計算得出。調查對象為 20 至 79 歲女性。

性中，第一份工作即為非典型勞動的人為百分之四十三．四。相較之下，底層階級未婚女性高了百分之十六。有離職經驗者占百分之七十六．八。辭掉第一份工作的理由有很多，其中比例較高的是「因為找到更好的工作」（百分之三十）與「對現在的職場環境抱持不滿」（百分之二十八．八）；回答「家庭因素」（百分之二．五）的人僅有少數。關於辭去第一份工作後的出路，最多的回答是成為非典型勞工（百分之四十八．二），其次為無業（百分之二十九．四），最少的是從事典型勞動，僅有百分之十七．六。圖表中並沒有呈現出來的是，經過更詳細的統計，發現第一份工作為典型勞工的人，下一份工作也是典型勞工者有百分之三十三．三，非典型勞工為百分之三十五．九，無業者為百分之三十．八。由此可知，許多人在辭去第一份工作後或待業期間掉進了底層階級。調查對象中的未婚者幾乎都是五十九歲以下，我們也可觀察到她們的處境與青年．中年底層階級男性有著很多共通點。

經過離異、喪偶這個人生的十字路口，命運驟變

離異、喪偶者的狀態則完全不同。第一份工作為典型勞動的人相當多，離異者的比例為百分之七十一．七，喪偶者為百分之八十六．二。喪偶者的數字之所以較高是因為年齡層比離異者來得高，她們從事第一份工作的時代是典型勞動型態為主流的時代。而調查對象裡無一人沒有離職經驗。辭去第一份工作的原因，「家庭因素（結婚、育兒等）」占了約六成（離異者百分之五十八．一，喪偶者百分之六十二．二）。離職之後成為無業者的人，離異者中有百分之四十八．四，喪偶者為百分之六十一．七。由此可看出底層階級女性中有許多人曾以結婚為契機離開職場。

接著來進一步審視離異、喪偶者的職涯經歷。圖表5-3使用到了職涯的數據，可觀察出結婚前後與離異、喪偶前後的差異。

離異、喪偶者在即將結婚的時間點，有超過半數為典型勞工。非典型勞工

中，離異者（百分之二十六・四）較多，喪偶者（百分之八・六）較少。主要原因應該還是出在所屬年齡層的不同。然而到了結婚後，典型勞工的人數大幅減少了。離異者僅百分之七・八，喪偶者為百分之十七・二。離異者中減少的部分都流向了無職者，不過喪偶者的非典型勞工比例也同時增加。從這邊可以看到，以結婚為契機，原本從事典型勞動的人一分為二，成為了兼職主婦

圖表 5-3 ▼ 曾經歷離異、喪偶之底層階級女性的職涯

	離異			喪偶		
	典型勞工	非典型勞工	無業	典型勞工	非典型勞工	無業
即將結婚	53.8%	26.4%	16.5%	55.2%	8.6%	32.8%
剛結婚不久	7.8%	25.6%	63.3%	17.2%	27.6%	50.0%
離異、喪偶的 1 年前	10.1%	42.7%	43.8%	15.8%	54.4%	26.3%
離異、喪偶的 1 年後	19.5%	64.4%	10.3%	14.0%	71.9%	12.3%
離異、喪偶的 2 年後	16.3%	69.8%	8.1%	13.2%	73.6%	11.3%
離異、喪偶的 3 年後	17.1%	73.2%	4.9%	11.8%	72.5%	13.7%

資料來源：由 2015 年ＳＳＭ調查計算得出。調查對象為 20 至 79 歲女性。

或者專職主婦。

再看看離異、喪偶發生前一年的時間點，不管是離異者還是喪偶者，與剛結婚的時間點相比，非典型勞工都增加了，而無職者則相應地減少。這是因為從結婚到變異發生的這段期間，有相當多的專職主婦成為了兼職主婦。尤其是喪偶者增加的幅度非常劇烈，因為許多人的丈夫患病導致所得銳減。而當離異與喪偶發生以後，這些人的命運便迎來了劇變。無職者大幅減少，僅占一成，大部分的女性為了賺取生計開始就業。離異者中，典型勞工的比例僅增加數個百分點，大部分的人都是非典型勞工。或許因為喪偶者多屬高齡，喪偶後無職者的變化幅度並不大，不過離異者中的無職者持續減少，在離異三年後僅剩百分之四．九。從這裡可以看出許多專職主婦因為離異或喪偶，開始投入非典型勞動型態的職場，跌進了底層階級。此外也有許多兼職主婦因為離異或喪偶，成為底層階級的一員。

許多女性在剛從學校畢業出社會的階段都還是典型勞工。然而依循著婚後就要走入家庭這個社會常規離開職場後，她們便失去了經濟獨立的基礎。這樣的人生進程是難以挽回的，也成為她們陷入今日這種艱困處境的背景。

三、與男性不同的成長經歷

在前一章，筆者提到青年．中年底層階級男性的成長過程與就學經驗的特點。他們出生於貧窮且環境複雜的家庭，家長的教育投資不多，在學校成績表現不佳，許多人都有遭受霸凌的經驗。那麼底層階級女性的情況又是如何的呢？筆者在此試著將底層階級女性與其他階級、兼職主婦以及專職主婦一同進行比較（由於女性的資產階級人數很少，在此省略）。

圖表 5-4 與圖表 5-5 與上一章的圖表 4-9、圖表 4-10 呈現的是相同主題，只是將分析對象換成女性。為了方便比較，將青年．中年底層階級男性的數據置於

最右邊。

檢視圖表5-4可以看出底層階級女性的原生家庭並不貧窮，家境貧困的人僅占百分之十・二，這個比例可以說是很低。附帶一提，回答富裕的比例為百分之二十七・三，高於整體平均值。家中藏書不到十冊者占百分之二十六・三，這數字看起來很高，不過與底層階級男性（百分之三十七・一）相較之下還是算偏低。沒受過校外教育的人還算不少，

圖表 5-4 ▼ 家庭環境的差異（女性，20 至 59 歲）

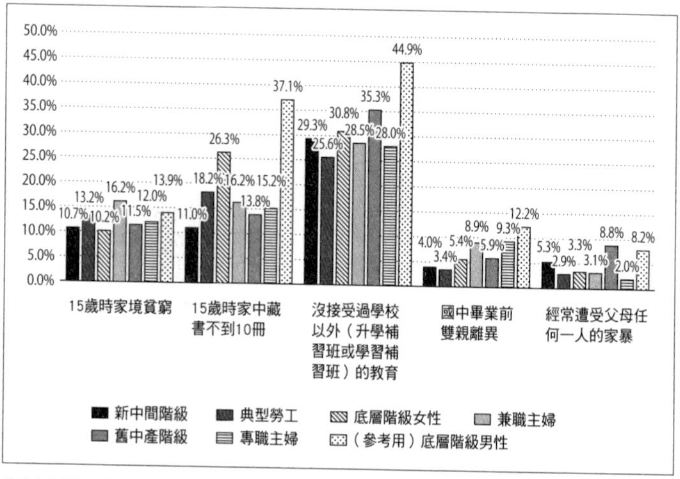

資料來源：由 2016 年首都圈調查計算得出。

注：「15 歲時家境貧窮」為「貧窮」與「稍微貧窮」的合計。

占百分之三十・八。雙親離異或者曾受到暴力管教的比例都算是低的一邊。與底層階級男性的差異應該算是相當明顯。底層階級男性中有許多人出身於貧困而環境複雜的家庭，底層階級女性的情形則並非如此。倒不如說她們許多人成長於普通甚至不錯的家庭。

然而再看圖表5-5，會發現她們的面貌跟前面所看到的稍微有些不同。成績位居後段的人雖沒有底層階級男性（百

圖表 5-5 ▼ 被學校排擠的情況（女性，20 至 59 歲）

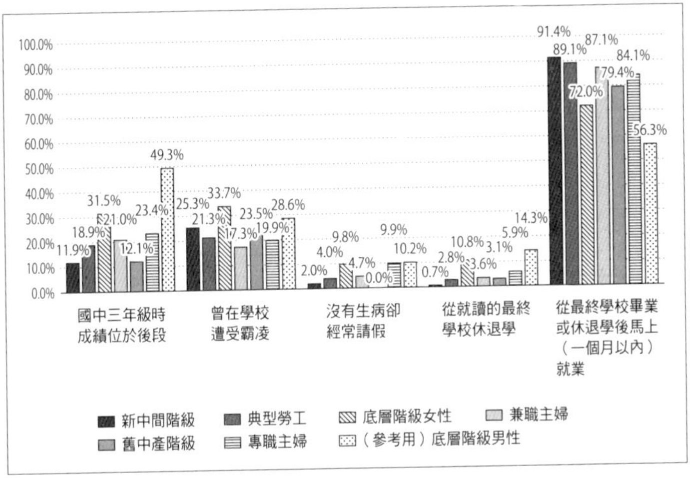

資料來源：由 2016 年首都圈調查計算得出。
注：「國中三年級時成績位於後段」一項為「後段」與「中後段」的合計。

分之四十九．三）那麼多，占比也來到百分之三十一．五。而曾在學校遭受霸凌者相當多，占了百分之三十三．七，比例甚至比底層階級男性高。雖然根據調查結果可知道，不論哪個階級女性遭受霸凌的比例皆較男性高，但即使將這個因素考慮進來，百分之三十三．七的數字依舊很顯眼。曾拒絕上學（回答「沒有生病卻經常請假」）的人多達百分之九．八。從最終學校休退學者亦有百分之十．八，雖不到底層階級男性那麼多，但比例亦不算低。而離開最終學校之後馬上就業的人占百分之七十二，比其他比較對象都來得低。但與底層階級男性的百分之五十六．三一比，還高出了百分之十六。

將先前談過的底層階級女性經歷一併考量，不難看出底層階級的女性流入底層階級的途徑貌似比男性更為多樣化。

與跌落的風險比鄰而居的家庭主婦

產生底層階級男性的機制，在某個意義上很容易理解。在底層家庭中長大、被學校教育排除在外、就業失敗，或者即使順利就業也很快就被迫離職，掉入底層階級。

相較之下，許多底層階級女性是在條件較佳的家庭裡成長。然而在學校的學習成績欠佳、遭受霸凌、拒絕上學，視狀況不同也有人從學校中輟。然後很多人就業不順利。這個部分和底層階級男性相同。不過不只如此。也有的人成長於一般家庭、和他人一樣就業、結婚，但因為發生了一些變故而導致離異甚至不幸地喪偶，最後掉進底層階級。男性在一定程度上是依照從底層到底層這種「貧窮循環」的機制，但女性的情況則不盡然如此。女性還有一條與男性相當不同的途徑。結婚成為家庭主婦的女性，本以為可以過著不虞匱乏、一帆風順的生活，卻掉進底層階級。家庭主婦這個身分，經常與跌落的風險比鄰而居。

四、社會資本為她們帶來一絲希望

在上一章，我們看到青年．中年底層階級男性的精神處於相當不穩定的狀態。那麼底層階級女性又是如何呢？圖表 5-6 比較了底層階級女性與其他階級的憂鬱傾向。從事勞動的女性所呈現出來的憂鬱傾向沒有太大差異，唯有專職主婦不太一樣，故同時將之顯示於圖表中。

年輕底層階級女性的憂鬱傾向格外地高。二十歲世代的Ｋ６得分在九分以上的比例達到百分之五十，比上一章圖表 4-5 所見的底層階級男性數據更高。其他階級為百分之三十二．七，雖不低但與底層階級仍有不小差距。反觀專職主婦百分之十八．二的低數值僅為底層階級的三分之一、其他階級的一半程度而已。勞動女性，尤其是底層階級女性會碎念「專職主婦真輕鬆啊！」也不奇怪。

隨著年齡層的提高，呈現出憂鬱傾向的人數比例也逐漸降低。底層階級的三十歲世代仍高達百分之三十五·九，到了四十歲世代則為百分之二十八·九。年輕的底層階級女性和男性一樣，處於精神狀態相當不穩定的風險中。

其他階級憂鬱的傾向隨著年齡層提高同樣也逐步下降。而專職主婦由於起點較低，呈現一段平穩橫移的趨勢，到了五十歲世代才明顯降低。而到了六十歲世代之後，這三種群體的差異幾乎消失了。至少在精神狀態上，這三種群體的人皆能度過安詳的

圖表 5-6 ▼ 底層階級與其他階級的憂鬱傾向（女性，20 至 79 歲）

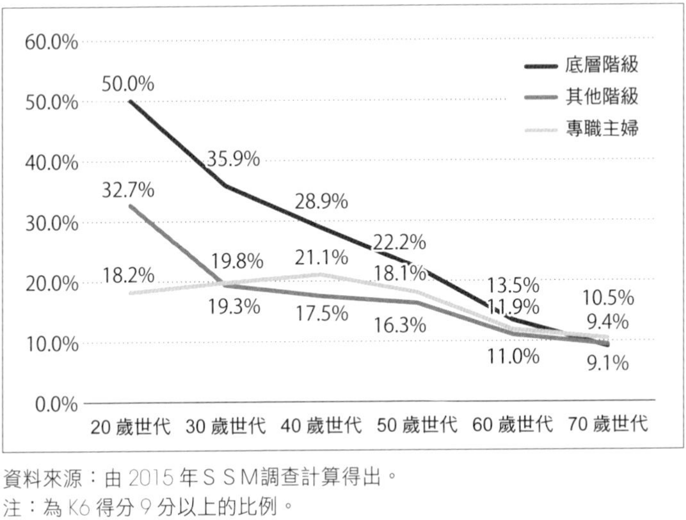

資料來源：由 2015 年ＳＳＭ調查計算得出。

注：為 K6 得分 9 分以上的比例。

晚年。

圖表5-7更進一步整理出了數個有關健康的項目，呈現出階級與群體之間的差異。「曾經就醫診斷、治療憂鬱症或其他心理疾病」者的比例中，底層階級女性相當高，其百分之十九．六的數字逼近了底層階級男性，是其他階級與群體的二至三倍，和新中產階級與兼職主婦的差距更是明顯。底層階級健康狀態良好者的比例為

圖表5-7 ▼ 健康狀態與健康習慣（女性，20至59歲）

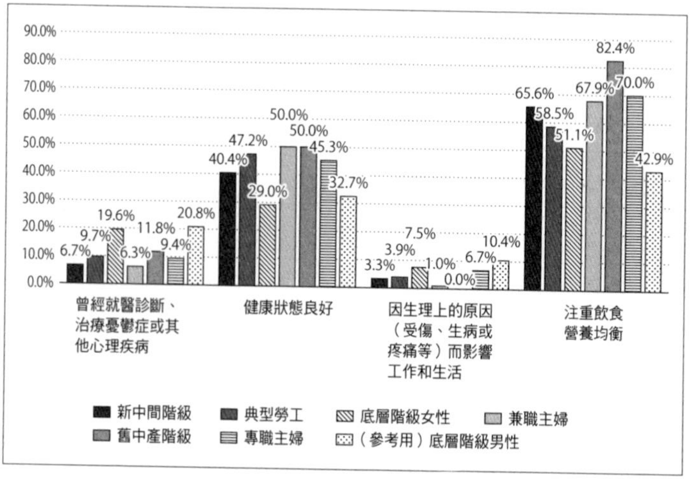

資料來源：由2016年首都圈調查計算得出。

注：「健康狀態良好」一項為「良好」與「還算良好」的合計。「因生理上的原因（受傷、生病或疼痛等）而影響工作和生活」一項為「總是」與「多半」的合計。「注重飲食營養均衡」一項為「符合」與「還算符合」的合計。

百分之二十九，這數字甚至比底層階級男性更低。圖表中雖未顯示此項數據，但回答健康狀態「不好」的人占了百分之二十四・七，這數字亦相當突出（回答「一般」者為百分之四十六・二）。

因生理上的原因而影響工作和生活的比例也頗高，有百分之七・五。這數字大幅超越了其他階級與群體，相當接近底層階級男性的水準（專職主婦也高達百分之六・七，但原因不明）。在注重飲食營養均衡這個項目上，女性的比例在整體中偏高，不過依階級與群體分開來看，結果則相當不同。最高的是舊中產階級，達百分之八十二・四；其次為專職主婦（百分之七十）與兼職主婦（百分之六十七・九）；底層階級與前者有一段差距，是相當低的百分之五十一・一。想必底層階級無論在經濟上或精神上都處於無暇多注意的狀態吧。這項數字雖比底層階級男性高了一些，不過若考慮到許多女性還需要為照顧小孩與父母而料理家務，有這樣的差距也是理所當然的吧。

另外，上一章的圖表 4-11 中顯示出了有定期運動習慣者的比例。與男性的數字相較之下，女性整體而言是偏低的，就算是依階級與群體分開來看，結果也差不多。

根據以上的分析可知底層階級的女性和男性一樣，身心健康狀態都很不好，有的人甚至狀態相當糟糕。然而其中還是存在著希望的。與底層階級的男性相比，許多女性所擁有的社會資本成為她們的依靠。

與男性不同，女性的朋友比較多

從圖表5-8可以看出「平時較親近與足以信任的家人、親戚與朋友、有交情者」的人數。底層階級女性皆為無配偶者，足以信任的家人、親戚可想而知並不多，統計結果與男性差不多。不過她們的朋友、有交情者平均為六人，雖然還是比其他階級、兼職主婦、專職主婦來得少，但差距並不算大。底層階級男性的朋友、有交情者僅有三・二人，由此能看出兩者之間的差異。再看連一個足以信任的朋友、有交情者都沒有的比例，底層階級男性為百分之二十八・六，但女性僅百分之十二・九。而足以信任的朋友、有交情者在二人以下者的比例，底層階級男性超過半數，占百分之五十五・一；而女性則為百分之三十一・二。底層階級女性雖然經濟與身心健康皆不甚理想，但女人之間所形成的支援網，在某種程度上仍起了正面的作用。

圖表 5-8 ▼ 從階級的角度看足以信任的家人、親戚與朋友、有交情者人數（女性，20 至 59 歲）

	家人、親戚	朋友、有交情者
新中產階級	7.2	9.0
典型勞工	6.2	7.9
底層階級	4.7	6.0
兼職主婦	8.2	9.7
舊中產階級	7.8	7.1
專職主婦	8.1	8.9
（參考用）底層階級男性	4.9	3.2

資料來源：由 2016 年首都圈調查計算得出。

五、日常生活的小確幸

接著來看看底層階級女性的日常生活呈現何種樣貌。在圖表5-9中，各列出四種休閒活動項目與消費活動項目，以此來比較出底層階級與其他階級、專職主婦之間的差異。

不出所料，在好幾個項目中可看到底層階級在休閒與消費上都比較低調。會上圖書館的人占百分之三十七，比其他階級低了百分之十，比專職主婦少了百分之十六。再者，會特別選購國產牛肉與蔬菜的人占百分之六十五・九；選購無農藥、有機蔬菜與無添加食品的人占百分之三十八・九。與其他階級、專職主婦相比皆低了百分之十左右。

不過從整體來看，其差距出乎意料地可以說是並沒有那麼大。會看古典音樂演奏會的人（百分之九・四）、會去美術館與博物館的人（百分之二十四・三）、會去雜誌或書籍介紹的餐館的人（百分之三十七・六），這幾個項目的比例都跟專職主婦一樣高。會使用網路購物或預約門票的人（百分之六十・二）還比專職主婦來得高。當然因為她們的經濟能力沒那麼好，消費的單價可能也不高，不過從頻繁使用網路購物這點看來，說不定正好反映出了她們並沒有很多可自由運用的時間。

即使如此，底層階級女性的

圖表 5-9 ▼ 階級落差與消弭落差的想法（男性，20 至 59 歲）

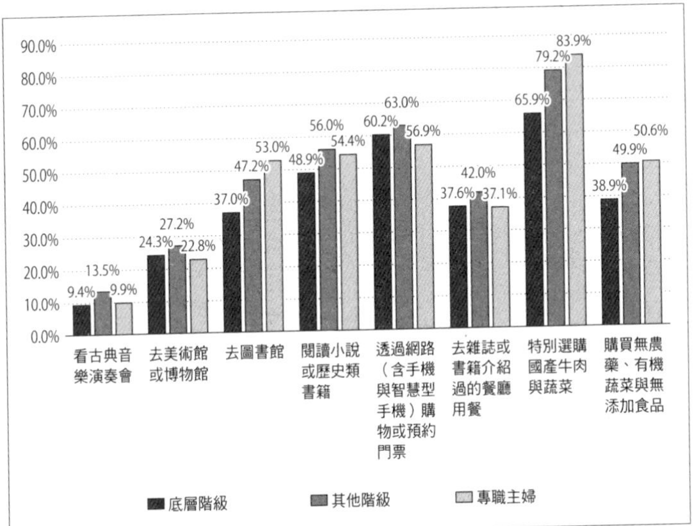

資料來源：由 2016 年首都圈調查計算得出。
注：每項皆為「非常同意」與「還算同意」的合計。

休閒活動與消費活動，還是比想像中更活絡。稍微補充沒有呈現在圖表中的青年．中年底層階級男性數據：會看古典音樂演奏會的人（百分之四）、會去美術館與博物館的人（百分之十．七）、會上圖書館的人（百分之二十八）等，可看出他們幾乎沒有休閒生活。另外，會使用網路購物或預約門票的人占百分之四十五．六，消費行動也十足低調。與此相比，底層階級女性的休閒與消費生活相當地充實。

會下工夫讓生活多采多姿

不久之前有家大型超級市場舉辦了一場研討會，邀請筆者去總公司演講現代日本的階級落差與消費活動，還參與了員工之間的討論。那時筆者分享了以底層階級為首的貧窮階層所顯現出來的一些特徵，像是不使用信用卡或是不買國產牛肉、有機蔬菜與無添加食品等。會中員工針對這個議題進行了熱烈的討論。他們的意見在自家公司的目標客群裡是否涵蓋這占比十數個百分點的貧窮人口一事上有了分歧。因為陳列在店面的商品組合會依照涵蓋該群體與否而有很大的差異。

筆者為此做了如下說明。在足立區這個東京都中最多貧窮階層居住的地區裡有個興建於舊工業用地上的大樓社區，在社區範圍內的購物中心裡，開了這家超級市場的分店。大樓本身是針對中高階層所設計的，但社區周邊則位處許多貧窮階層群居的地帶。進到超市的賣場，筆者發現這裡的備貨非常齊全，陳列著很多在其他地方沒看過的商品。以牛肉為例，從一百克九十五圓的進口肉到一千二百八十圓的松阪牛都買得到。由此可以看出，這家超級市場掌握了周邊居民在內的廣泛客群。如果將居住於周圍的低所得階層切割捨棄，這家超級市場就會帶來地域社會的斷裂，不管是以商業的角度，還是對地域社會來說都會產生負面的效應。

但是這種擔心或許沒有必要，因為說起來主要負責購物的角色為女性。與男性貧窮階層不同，女性即使收入微薄，也會盡可能在能負擔的範圍內下工夫營造氛圍，讓生活看起來很快樂。對於為錢奔走、身心俱疲的她們來說，這或許能起到一點撫慰的作用吧。

六、女性如何看待社會上的階級落差？

接著要探討的是女性如何看待社會上的階級落差以及貧窮的現狀。圖表 5-10 的提問和上一章的圖表 4-15 相同，只是這裡呈現的是女性的回答。

與男性之間的差異非常明顯。根據圖表 4-15，認為現在日本所得落差太大的男性之中，底層階級接近九成，而資產階級與新中產階級則在六成上下，舊中產階級大約七成，典型勞工也有接近八成。然而女性所有階級，就連兼職主婦與專職主婦都超過了八成；逼近九成的除了底層階級以外還包括了兼職主婦。和男性不同的是，現今日本所得落差之大已在女性階級與群體之間成了共識。在「陷入貧窮不是自己的錯而是社會結構出了問題」這一點上，女性的想法與男性也有所不同。認同這個說法的男性比例，相對於超過八成的底層階級，資產階級約有五成上下，新中產階級和典型勞工則有六成。女性的情況則是每個階級都有七至八成的人，認為陷入貧窮並非出於自身責任。其中特別顯著的是底層階級、兼職主婦與專職主

圖表 5-10 ▼ 階級落差與消弭落差的想法（女性，20 至 59 歲）

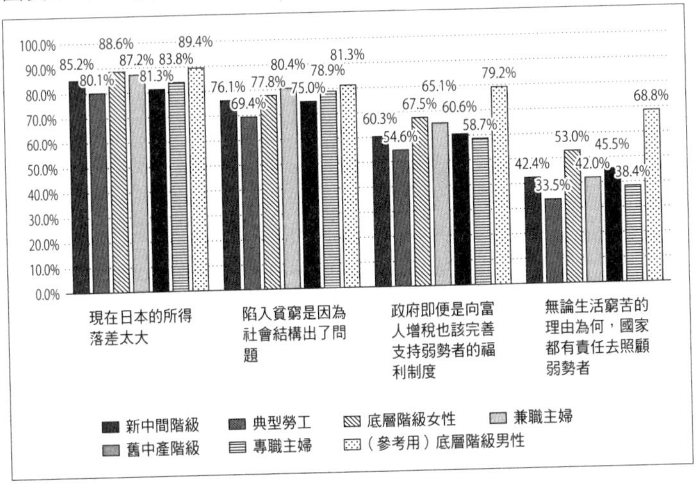

資料來源：由 2016 年首都圈調查計算得出。
注：每項皆為「非常同意」與「還算同意」的合計。

婦這幾個群體，有八成左右的人都不認同自我責任論，這個與底層階級男性呈一致性的結果也頗值得矚目。

不過，對於富人與窮人之間的所得再分配，女性的態度則不像底層階級男性一樣明確。支持富人所得再分配的比例，底層階級男性有百分之七十九・二，但底層階級女性只有百分之六十七・五，而兼職主婦有百分之六十五・一，專職主婦只有百分之五十八・七。在「無論生活窮苦的理由為何，國家都有責任去照顧弱勢者」這個項目中，底層階級男性認同的比例為百分之六十八・八。反觀底層階級女性只有百分之五十三、兼職主婦百分之四十二、專職主婦百分之三十八・四認同。日本的女性在漫長歲月跨度中被政治的世界排除在外形同配角，或許就是因為這樣，她們才會對於要在政治上提出強烈訴求一事躊躇再三吧。

話雖如此，比起男性，更多女性起而支持所得再分配才是真的。想要透過所得再分配縮小階級之間的落差、減少貧窮，她們的支持是不可或缺的。

第六章——

「下流老人」逐漸增加

本章筆者將進行考察的三個群體，皆屬於高齡底層階級。這三個群體特色各異，首先第一種是長年以典型勞工身分任職於公司規模較大的職場，在退休後轉而從事非典型勞動的底層階級男性（筆者稱之為「退休後底層階級」）；第二種是長年任職於自營業者或中小企業，或持續從事非典型勞動的其他底層階級男性。第三種則是底層階級女性。

一、職涯經歷與退休後的生活

高齡底層階級男性，他們度過了什麼樣的職涯經歷，又是如何掉進底層階級的呢？為了釐清這個疑問，筆者整理出了圖表6-1，將時間段切分為「首份工作、三十歲、三十至六十歲之間以每五年為一段」，以此來看每個階級呈現出來的趨勢。圖表中沒有顯示的數字，筆者會在接下來的敘述中加以說明。

在現存的高齡底層階級男性中，第一份工作的時間點就已經是底層階級者僅百分之四．二。現今高齡人士當年出社會就業時的應屆畢業生就業市場情況，與現在完全不同。那時離開學校就業的年輕人幾乎全部是正職員工，出

圖表 6-1 ▼ 高齡底層階級男性的職涯經歷

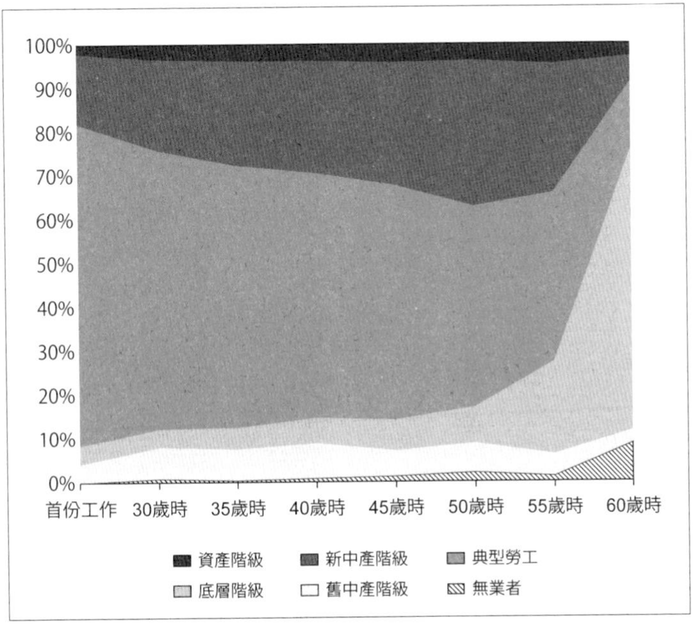

資料來源：由 2015 年ＳＳＭ調查計算得出。

現這樣的數字也是可以想像的。比例最高的典型勞工占百分之七十三·五，而新中產階級為偏少的百分之十六，資產階級與舊中產階級各為百分之二·一與百分之四·二。

新中產階級的比例，隨著一部分典型勞工升遷為管理職而逐步增加，在五十歲時達到百分之三十三·三。反觀底層階級的比例，雖然也有隨年齡慢慢增加，但在五十歲時也僅有百分之八·三。不過到了五十五歲的時候，數字大幅攀升至百分之二十一·二，到了六十歲時已達百分之六十四·五。換句話說，現在的高齡底層階級男性，有絕大部分都是過了五十歲才跌落至底層。還記得第四章提到的青年·中年底層階級男性，他們有百分之四十三·四的人在第一份工作時就已經是底層階級的一員，很多人即使最初是正職員工，也沒做多久便辭職而成為底層階級。兩者的路徑很不一樣。

雖然筆者想將「退休後底層階級」從整個高齡底層階級男性群體中分離出來，卻因為他們的個人職涯經歷過於多樣化而找不到合適的方法。為了方便起見，筆者採用在第三章最後所提到的方法。由於現在的貧窮率跟調查對象第一份工作時任職公司的規模大小是密切相關的，於是將第一份工作任職公司規模在百人以上或者服務於公家機關的人（第一份工作就已是底層階級的人除外）分類為「退休後底層階級」，除此之外的人則分類為「其他高齡底層階級男性」。兩者所呈現出來的特徵如圖表6-2所示。為了方便對照，在此也將六十歲以上的無業男性呈現於圖表中。

因為其擁有即使退休後不工作也生活無虞的充足資產

三個群體之間的差異非常鮮明。首先審視作為對照組的無業者，看看這個群體的特徵。

無業者中受過高等教育者的比例為百分之二十六・四，以這個年齡層來說算是接近平均值。國中畢業者占百分之二十六，稍微有點多。第一份工作為正職員工者占九成，含新中產階級百分之二十五．二與典型勞工百分之六十二．六。再看即將退休的五十歲時間點，典型勞工的比例與第一份工作相比降了近百分之二十五，而新中產階級攀升了百分之十五，資產階級與舊中產階級合起來上升了約百分之八。可知有許多人透過升遷從典型勞工的身分移轉為新中產階級，或者自立門戶成為老闆或自營業者。不過看到「至今待過三個以下的職場」這項的數字為百分之七十二．五，顯示也沒那麼多人頻繁地換工作。無論是長年任職於同一個職場或是自立門戶，這個群體的職涯經歷似乎頗為順遂。

有百分之八十九．五的人受領年金，在二百六十三萬圓的個人所得中，年金所得約占八成，有二百〇九萬圓。這金額雖不算多，不過也接近基礎年金的三倍，每月可領十七．四萬圓應該也足以度過安適的老後生活。還有另一個值得關注的重要特徵便是他們持有高額的金融資產（存款或股票等），平均來到一千七百四十二萬圓。再加上前面提到的年金所得、可確保老年生活所需的積蓄，因此他們也就不太需要去找非典型勞動的工作。以家戶所得為基準算出的貧

圖表 6-2 ▼ 比較退休後底層階級與其他高齡底層階級（男性，60 歲以上）

	退休後底層階級	其他高齡底層階級男性	無業者
人數（2015 年ＳＳＭ調查）	145 人	87 人	752 人
最終學歷為大學	26.9%	14.9%	26.4%
最終學歷為高中	9.7%	41.4%	26.0%
從事第一份工作時的所屬階級			
資產階級	0.0%	5.7%	1.5%
新中產階級	22.1%	6.9%	25.2%
典型勞工	77.9%	65.5%	62.6%
底層階級	0.0%	10.3%	4.8%
舊中產階級	0.0%	11.5%	5.9%
50 歲時的所屬階級			
資產階級	2.1%	6.9%	6.4%
新中產階級	42.7%	20.7%	40.8%
典型勞工	42.7%	50.6%	38.1%
底層階級	6.3%	10.3%	3.1%
舊中產階級	4.9%	9.2%	9.2%
無業	1.4%	2.3%	2.4%
至今待過 3 個以下的職場	61.4%	36.8%	72.5%
年金受領率	76.9%	80.0%	89.5%
個人所得（萬圓）	329	240	263
其中的年金所得（萬圓）	124	96	209
家戶所得（萬圓）	492	397	409
金融資產總額（萬圓）	948	618	1742
平均每月生活費（萬圓）	20.8	19.2	20.9
貧窮率	11.8%	27.9%	27.4%

資料來源：由 2015 年ＳＳＭ調查計算得出。
注：年金所得為包含未受領年金者在內的平均值。

窮率為百分之二十七．四，雖然不低，但考慮到他們實際上能靠存款來過生活這點，真正處於貧窮狀態的人應該不多。

那麼「退休後底層階級」的情況如何？受過高等教育者占百分之二十六．九，與無業者幾乎相同，不過學歷為國中畢業者僅百分之九．七，可知這個群體的教育水平稍高。第一份工作時全員為正職員工，到了五十歲時依舊有百分之八十五．四仍為正職。把第一份工作的時間點與五十歲時做比較，典型勞工減少了約百分之三十五，新中產階級增加了約百分之二十。自立門戶成為資產階級或舊中產階級者約占百分之七。這些數字與無業者相當接近。「至今待過三個以下的職場」這項的比例為稍微低了點的百分之六十一．四，不過因為很多人除了退休前的職場以外，還計入了現在從事非典型勞動的職場，實質上跟無業者並沒有太大的差異。

這個群體所經歷的職涯乍看之下似乎也滿順遂的，其實他們老後生活的經濟基礎相當薄弱。原因在於他們的年金所得一百二十四萬圓還不到無業者群體的六成。年金受領者占百分之七十六．九，即使把這個比例偏低的情況納入考量，年金所得還是很低。為求謹慎，筆者將年金受領者單獨抽出來計算其平均年金所得，得出無業者群體為二百三十四萬圓，而退休後的底層階級為一百六十一萬圓，還是有七十三萬圓的差距。接下來，他們持有的金融資產平均金額為九百四十八萬圓，比無業者群體短少了將近八百萬圓，對於度過老後生活的積蓄來說是很令人擔心的金額。他們之所以會去從事非典型勞動，就是因為光靠年金生活過不下去，積蓄也不到能安心使用的額度。他們平均每個月的生活費為二十．八萬圓，和無業者群體幾乎相同。他們必須靠那份非典型勞動的所得，才有可能過上那種水準的生活。

不過，其他高齡底層階級男性的經濟基礎就更加脆弱了。筆者將在下一節就此進行討論。

退休後從事做不慣的工作

退休後底層階級的人們從事怎樣的工作呢？他們擔任的職業類別依五十歲時間點的所屬階級而有所不同。擔任事務職的比例以曾為新中產階級的最多，占百分之四十七．五，其他的人僅占百分之七．三。但曾為新中產階級的人也有百分之二十九．五從事體力勞動、百分之十三．一擔任保全或警衛等，相當多樣化。從這個數據我們也可知道，他們在退休後多從事自己並不熟悉的工作。新中產階級以外的人退休後，有高達百分之六十九．五從事體力勞動。詳細檢視事務職以外一百一十人的已知職務，具體內容如下：「汽車駕駛」（二十二人）、「保全人員、警衛、救生員」（十一人）、「其他類勞務作業者」（九人）、「清潔工」（八人）、「商店店員」（六人），「寄宿公寓的管理人、舍監」、「其他類服務業」、「一般機械組裝員與維修員」、「倉管與裝卸工」、「搬運工」（以上各為三人）等。走在街上經常可以看見由高齡男性從事的職業類別的確都包含在內。

這群人在退休後還因生活所需而去從事非典型勞動工作，沒想到對生活的滿意度卻沒有很低，這點有必要稍微補充說明。回答對生活感到滿意的比例為百分之七十・三，雖不及同年齡層的資產階級（百分之八十九・四）與新中產階級（百分之八十九・五），但卻比典型勞工群體（百分之六十二・一）高，與無業者（百分之七十・一）幾乎相同。他們的家戶所得為四百九十二萬圓還算不錯，貧窮率僅百分之十一・八，這或許是他們滿意生活的理由之一吧。雖然經濟基礎沒那麼穩固，但或許能透過適度的參與勞動增添一些小小的變化與豐富性，從而帶來滿足感吧。

二、中年底層階級的未來

在經濟上相較於退休後底層階級更為弱勢的是其他高齡底層階級男性。讓我們再回頭看看圖表6-2。曾受過高等教育者的比例僅百分之十四．九，而學歷為國中畢業者達到百分之四十一．四，教育水平明顯偏低。從第一份工作開始就位居底層階級者僅百分之十．三，這個比例到了五十歲的時間點仍舊沒有變化，可知在職涯歷程掉進底層階級的人並不多。然而在第一份工作時屬於新中產階級的人很少，僅占百分之六．九，到了五十歲時也只有百分之二十．七。再進一步和退休後底層階級與無業者做比較，「至今待過三個以下的職場」的比例為三者最低的百分之三十六．八，顯示經常換工作的人很多。其中占比相當高的是輾轉任職於微型企業的人。在這層意義上，相對於無業者或退休後底層階級，他們的所在位置更接近底層。

五十歲時間點為資產階級者占百分之六．九，為舊中產階級者占百分之九．二，合計達到百分之十六．一。這些人理應已經自立門戶、獨立創業，何以後來跌落至底層階級呢？我們看了他們所填寫的離職原因，發現有六成以上的人在五十歲的時間點以「公司倒閉、歇業、裁員」或「年齡因素」為由而離職。由此可了解到他們掉進底層階級，主要是因為公司或店鋪經營不善而導致。

因為他們特殊的就業型態，導致年金所得很低。平均金額僅九十六萬圓，即便僅統計有資格受領年金者的平均金額也才一百二十萬圓，完全不足以支撐他們的老後生活。而且他們所持有的金融資產，平均每人僅六百一十八萬圓，這只是無業者的三分之一程度而已，讓他們甚至無法靠存款來過活。萬不得已之下，他們屈就現實從事非典型勞動。然而由於本為老後生活基礎的年金所得並不多，即使加上非典型勞動的所得，家戶所得依舊比無業者來得低，以致貧窮率為偏高的百分之二十七．九。其平均每月生活費為十九．二萬圓，比無業者或退休後底層階級少了將近二萬圓。居住型態的特徵反映在居主自購房產的人數比例偏低，占百分之七十三．三（無業者百分之八十七．四、退休後底層階級百分之八十五．五）；百分之十五．一的人住在一般租房或分租公寓，百分之十一．六的人住在公營分租公寓。

關於現在所從事的職業類別，以體力勞動者為最多，占百分之六十二．

一；從事農林漁業者占百分之十．三，擔任事務職或銷售職者占百分之八。針對八十七位調查對象的職業類別進行詳細的判別，具體的工作內容分別是：「汽車駕駛」（九人）、「其他類勞務作業者」（八人）、「清潔工」（七人）、「商店店員」（六人）、「搬運工」（六人），「總務、企畫事務員」、「保全人員、警衛、救生員」、「園藝工、造園師」、「建築工、道路養護工」（以上各為四人）等。雖然事務職以外的職業類別與退休後底層階級有相似之處，但仍有許多人從事著像是「其他類勞務作業者」、「搬運工」與「建築工、道路養護工」這類由傳統的日雇型勞工來做的底層工作。

青年．中年底層階級未來生活的上限

現在的青年．中年底層階級男性未來的生活將會是什麼樣的呢？我們從高齡底層階級男性的現狀，看見了許多提示。他們九十六萬圓的年金所得，僅比領滿基礎年金的情況多了二十萬元左右。手上的金融資產也不多，生活相當拮据。但是反過來看，他們的年金所得少歸少，但跟連基礎年金都不知道領不領得到的青年．中年底層階級男性相比，還是好上不少的。在這層意義上，或許我們能說這些高齡底層階級男性的現狀，就是現在的青年．中年底層階級男性將來生活的「上限」。

即使拿退休後底層階級來做比較，高齡底層階級男性這個底層性更強的群體，生活滿意度竟意外地沒有很低。滿足於生活者的比例為百分之七十五．九，雖差距不大但仍較退休後底層階級高，亦多於典型勞工（百分之六十二．一）與無業者（百分之七十．一）。即便檢視他們對工作內容與所得的滿意度，也理所當然地比五十九歲以下的底層階級男性高，不過跟典型勞工與退休後底層階級相較之下也不顯遜色。

長時間從事典型勞動型態裡的底層工作，說不定早讓他們接受並適應了自己位處底層的處境。正如高伯瑞指出的，我們所身處其中的舒適工作與生活空間是底層階級的勞動成果，而其中大部分的貢獻來自高齡底層階級。那麼或許也能說，正是不把自己視為底層的他們全心奉獻，才支撐起我們的工作與生活。

雖不能對退休後底層階級男性與其他高齡底層階級男性之間的差異視而不見，不過兩者在因為年金、存款很少而不得不從事非典型勞動這點是相同的。主要在ＮＰＯ（非營利組織）進行活動的社會工作者藤田孝典，把「過著以及可能過著相當於『生活保護標準』[1]生活的高齡者」稱為「下流老人」，其人數估計有六百至七百萬人。這些高齡人士基於年金受領額的減少、照護保險費的增加以及生活費的高漲，不得不為了生活而繼續工作。在這樣的情況下，日本將逐漸成為「必須工作到死的殘酷社會」（出自《下流老人》、《續・下流老人》）。這些高齡底層階級男性成了當前日本社會現狀的象徵。

三、高齡底層階級女性

筆者在第五章曾簡略介紹了高齡底層階級女性的家庭組成、家計狀況以及她們的職務經歷。在此針對重點再次進行歸納。高齡底層階級女性的居住狀態約半數為獨居，與小孩同住者占四成左右，而這兩者的家計狀況有甚大差異。獨居者的情況是，平均年金所得九十一萬圓，再加上從事非典型勞動的收入後，個人平均所得為二百〇一萬圓，貧窮率為百分之三十．三。反觀與小孩同住者的情況，計入七十八萬圓的年金所得後，個人平均所得為一百八十二萬圓，再加上同住小孩的所得後，家戶所得來到五百九十二萬圓，貧窮率為百分之〇。與小孩同住的底層階級女性中，很可能存在著堪稱為「反單身寄生族」的女性。

雖說如此，這群人之所以年事已高卻仍做著非典型勞動工作，想必箇中也

1 譯注：相當於台灣的中低收入戶。

有其各自的苦衷，讓我們繼續往下看。在討論高齡底層階級男性時，筆者將無業者當成對照組來進行比較，而接下來討論高齡底層階級女性時，筆者會將女性無業者區分為專職主婦（有配偶的無業女性）與其他類無業者（無配偶的無業女性）。這三者的比較可參見圖表6-3。

高齡底層階級女性中曾接受高等教育者占百分之七．七，是相當低的比例，大幅度低於專職主婦（百分之十五．六）。國

圖表6-3 ▼ 高齡底層階級女性的特徵（女性，60歲以上）

	高齡底層階級女性	專職主婦	其他無業者
曾受高等教育者的比例	7.7%	15.6%	9.3%
最終學歷為國中	37.2%	27.6%	39.1%
年金受領率	85.3%	83.9%	93.3%
個人所得（萬圓）	193	96	157
其中的年金所得（萬圓）	81	76	131
家戶所得（萬圓）	312	458	247
金融資產總額（萬圓）	501	1832	1056
平均每個月生活費（萬圓）	16.1	21.1	14.9
貧窮率	24.0%	24.3%	43.1%

資料來源：由2015年ＳＳＭ調查計算得出。
注：年金所得為包含未受領年金者在內的平均值。

中學歷者居多占百分之三十七．二，與其他類無業女性的數據相去不遠。

雖有百分之八十五．三的高齡底層階級女性領著年金，其平均金額僅八十一萬圓；即使只挑出有領年金的人來計算，得到的數字也不過才九十五萬圓。這樣的收入實在不足以支應生活開銷吧。相較之下，有百分之九十三．三的無業女性是年金領受者，群體的平均年金所得為一百三十一萬圓，若只挑出有領年金的人來計算，則來到一百四十一萬圓。年金受領額度的差異，決定了這些高齡者是否還需要從事非典型勞動的工作。再進一步檢視家戶持有的金融資產總額，專職主婦平均有一千八百三十二萬圓，無業女性也有一千〇五十六萬圓，反觀高齡底層階級女性僅有五百〇一萬圓。能夠領到的年金額度不高，與此同時積蓄也不足以負擔家計，成為她們從事非典型勞動的背景。她們所面臨的處境，與高齡底層階級男性是一樣的。不過，她們雖可藉由非典型勞動賺取收入，經濟狀況仍不寬裕。高齡底層階級女性平均每月生活費為十六．一萬圓，比無業女性多了大約一萬圓，但比專職主婦少了將近五萬圓。

同住與獨居的差異

那麼與小孩同住的人和獨居的人，她們所面對的情況又有哪些差異？圖表 6-4 呈現了比較的結果（部分數字已在圖表 5-1 中呈現過），為了方便對照，筆者放進了無業女性的數字。

獨居的高齡底層階級女性，生活過得相當簡樸。其平均每月生活費僅十一．五萬圓，換算成一年十二個月則是一百三十八萬圓，遠低於總所得。由於問卷上

圖表 6-4 ▼ 高齡底層階級女性：獨居者和與小孩同住者的比較（女性，60 歲以上）

	底層階級		無業者	
	獨居	與小孩同住	獨居	與小孩同住
個人所得（萬圓）	201	182	173	142
其中的年金所得（萬圓）	91	78	138	127
家戶所得（萬圓）	205	592	179	403
金融資產總額（萬圓）	403	584	1351	770
平均每月生活費（萬圓）	11.5	22.0	12.3	17.5
貧窮率	30.3%	0.0%	49.0%	29.3%

資料來源：由 2015 年ＳＳＭ調查計算得出。
注：年金所得為包含未受領年金者在內的平均值。

特別備注了「扣除特別開支」，可以知道一年的支出絕不止一百三十八萬圓，但也能感受到她們盡可能不動用積蓄的努力。

與小孩同住的人又是如何呢？其家戶所得五百九十二萬圓，乍看之下或許讓人覺得很多，不過這個金額計入了身為母親的年金所得與從事非典型勞動的所得，扣除後為四百一十萬圓，實在不算多。所持有的金融資產為五百八十四萬圓，可以說相當少。由於母親多少還繼承了一些亡夫的積蓄，小孩自己的金融資產應該少之又少。在這種情況下負擔平均每個月二十二萬圓的生活開銷，算起來她們的生活絕非容易。若還要負擔孫子的教育費，家計狀況就更加嚴峻了。所以很多與小孩同住的高齡底層階級女性，或許是為了幫忙小孩的家計才出門工作的。為了確認是否如此，筆者察看了當事人，也就是這些母親在該種情況下的家計貢獻度。得出的結果是家計貢獻度未滿百分之二十五，換句話說很可能寄生於小孩身上的母親占全體的百分之二十三．一。另有百分之三十．八的母親其家計貢獻度在百分之五十以上。此次調查並未詢問小孩的就業情形，故不清楚其實際情況，但其中恐怕包含了不少情況是小孩為失業者或底層階級，而母親必須從事非典型勞動來賺取足以維持家計的收入。

再看看其與無業女性的比較。明顯比較富裕的是獨居的無業女性，年金所得有一百三十八萬圓，含年金所得在內的個人平均年所得為一百七十三萬圓，而她們所持有的金融資產總額為一千三百五十一萬圓。正因如此，她們才能不依靠小孩獨自過活吧。雖然百分之四十九的貧窮率很高，但用以計算貧窮率的所得是不包含積蓄存款在內的收入，所以實際上很多人並沒有窮困到那種程度。這一點可以從獨居無業女性的平均每月生活費比獨居底層階級要多出八千圓看出端倪。

反觀與小孩同住的無業女性，其經濟狀況顯得相當困窘。年金所得為頗多的一百二十七萬圓，含年金所得在內的個人年所得為一百四十二萬圓，但家戶所得卻僅有四百〇三萬圓。也就是說小孩與其他家庭成員的所得合計只有二百六十萬圓。貧窮率是偏高的百分之二十九．三。筆者再進一步核算家計的狀況，結果令人吃驚。其家計貢獻度為百分之百的狀況高達百分之二十．六，亦即這群無業母親所持有的年金等所得，等於整個家的家計所得。將家計貢獻度為百分之五十以上者合併統計，亦達百分之四十一．三。這其中應該也包括了母親挪用年金所得支撐身為失業者或底層階級小孩的個案吧。[2]

生活滿意度與幸福感也各有不同

那麼，這些女性又是如何看待自己現今的生活呢？圖表6-5呈現了專職主婦及無業女性的比較結果。關於底層階級女性，筆者則依照是否與家人同住以及

2 對於此處的結論，需要進行補充說明。與高齡母親同住的小孩，會分毫不差地將自己的所得及資產回報給母親的案例其實並不多。即使在問卷上填寫了回答，也並不能保證都是正確無誤的。實際上，與小孩同住的單身高齡女性對於家計所得相關問題的回答率並不高。因此出現這樣的回答結果，比較可能的狀況是小孩自己的所得與資產並不多，遂而告知母親以獲得生活上的支援。若是如此，當我們檢視家計貢獻度超過百分之五十的高齡底層階級女性與高齡無業女性占比時，應該稍微打個折會比較接近實情。不過即使這樣，呈現出來的數字依舊相當顯著。

配偶關係加以細分，並將數據呈現於圖表中。

稍加瀏覽圖表便可得知高齡專職主婦有多麼幸福。對生活滿意的人占比超過百分之八十，而有百分之五十六．五的人認為自己是幸福的。認為自己在社會中位處「下之上」或「下之下」者（懷有「下流」

圖表 6-5 ▼ 高齡底層階級女性的意識（女性，60 歲以上）

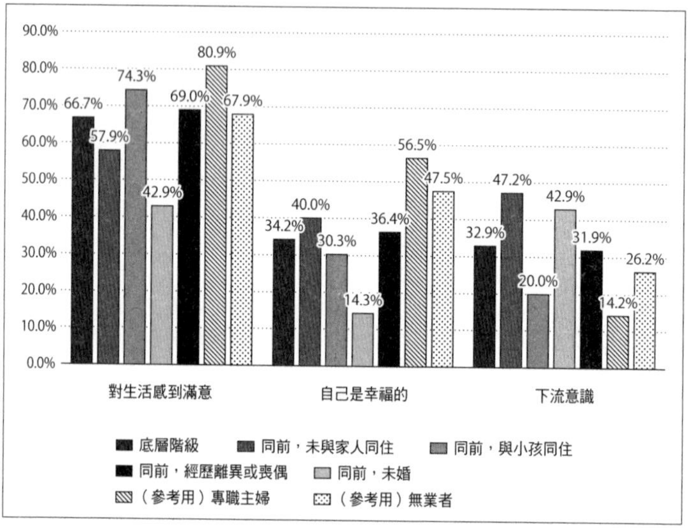

資料來源：由 2015 年ＳＳＭ調查計算得出。

注：「對生活感到滿意」為回答「滿意」與「還算滿意」者的合計。「自己是幸福的」以〇至十分為範圍，採計七至十分的比例。「下流意識」指的是在「上」、「中之上」、「中之下」、「下之上」、「下之下」幾個選項中，回答「下之上」與「下之下」者的合計。

意識）僅百分之十四．二。接著察看無業女性，她們唯有幸福感的數據與專職主婦還算接近，其他項目的落差都很大。

反觀高齡底層階級女性，其顯示出來的趨勢分布相當不平均。與專職主婦和無業女性相比，無論生活滿意度還是幸福感皆在全體中偏低，每個子群體的差距也很大。其中自覺不幸福的比例最高的是未婚女性。她們直到邁入高齡之前都保持單身，並多作為底層階級持續工作至今。如前所述，未婚的高齡底層階級女性的人數很少，也有很大可能存在統計上的誤差，但此項資料確實反映出了能感受到幸福的人僅有百分之十四．三，對生活感到滿意的人為百分之四十二．九，且有百分之四十二．九的人懷有「下流」意識。與這個群體相比，離異、喪偶的女性似乎還能更感受得到滿意與幸福。

不與家人同住者以及與小孩同居的女性，狀況則比較複雜。不與家人同住的高齡底層階級女性，對生活的滿意度很低，懷有「下流」意識的人也相當多，但不知為何其幸福感卻並不低。筆者認為或許是因為她們與男性不同，在處理家務一事上身有所長，即使窮了點也能令生活充滿樂趣並從中覓得幸福感吧。而與小孩同住的高齡底層階級女性則恰好完全相反。她們的生活滿意度很高，懷有「下流」意識的人很少，但幸福感卻不及獨居女性。這或許是因為她們還必須分心照料小孩與配偶的關係吧。

上述分析給了我們許多關於底層階級女性未來的啟示。筆者在上一章曾提到，底層階級女性可大略分為兩種類型。第一種是被學校教育排擠，或者就業不順利，在未婚的狀態下掉進了底層階級的女性。第二種則是和一般人一樣就業與結婚，後來雖曾一度成為平凡家庭主婦，卻經歷離異或喪偶而成為底層階級的女性。再回頭看高齡底層階級女性，可知第二種女性或許可迎來滿意或幸福的老後生活，相較之下，第一種女性則並非如此。在非典型勞動型態擴大、青年底層階級人口激增的趨勢下，未婚的高齡底層階級女性人口在未來也很難不劇烈增長。她們未來將過著什麼樣的生活，只要看過本章中所介紹的女性處境就能明白了。

第七章——與底層階級僅有一牆之隔的「失業者・無業者」

本書將兼職主婦以外的非典型勞工稱為底層階級。根據這樣的定義，失業者與無業者由於不從屬於任何階級，故也不包含在底層階級之內。然而在現實中，有一部分失業者反覆遊走於非典型勞動與失業之間，失業與無業是不斷交替發生的狀態。這群人的處境在實質上相當近似於底層階級，可以說是底層階級的鄰居。這一章筆者將以二〇一六年首都圈調查的數據為基礎，針對這群人的現狀進行探討。

一、失業的實際狀況遭到低估

與底層階級比鄰而居的失業者與無業者，究竟有多少人口呢？首先讓我們來看看關於就業狀態與失業的統計數字。

根據「勞動力調查」資料，日本的失業率在進入二〇一〇年代以後持續下降，二〇一七年的完全失業率為百分之二．八，完全失業人口為一百九十萬人。不過根據日本所採用的統計方法，調查對象需同時滿足以下三個條件，才會被定義為完全失業者：第一，在調查期間的一週內完全沒有從事任何工作；第二，如果有工作機會可以立刻上任；第三，在調查期間的一週內曾進行求職活動或展開事業的準備。

這些條件相當嚴苛。根據第一個條件，若為了賺取當天餬口的錢而工作過一個小時，就不會被計入失業者。而因為第二個條件，因健康狀態差而無法立刻進行勞務的人，也無法被歸類為失業者。也有人已經進行了長期的求職活動卻還是找不到工作，故而有段時間比較消極而暫時停止求職。因為有第三個條件，這樣的人也不算是失業者。很多人指出這個問題，認為政府所公布的失業率其實低估了失業的實際狀況。

那麼這些無業者沒工作卻也不進行求職活動、從來沒有工作過的人口究竟有多少呢？不過，由於筆者的目的是去推算反覆遊走於底層階級的無業者人口，故而將就業狀態尚不穩定的十歲世代年輕人，與已經退休或即將退休的高齡人口包含進來並不恰當。此外，有鑑於專職主婦也沒有前述特性，筆者也認為排除已婚女性較好。所以仍在就學的學生、學徒與專門料理家務的人皆不包含在內。勞動力調查將既不是就業人口，也不是完全失業者的人稱為「非勞動力人口」，並區分為「就學」、「家務」及「其他」。筆者首要將焦點放在「其他」的人數。

根據二〇一七年的勞動力調查，二十至五十九歲的完全失業人口中，男性為八十八萬

圖表 7-1 ▼ 男性失業者、無業者和無配偶女性的失業者、無業者概況（20 至 59 歲，單位為萬人）

	男性	女性			合計
		未婚	離異或喪偶	合計	
完全失業者	88	33	6	39	127
非勞動力人口、其他	111	37	8	45	156
合計	199	70	14	84	283

資料來源：「勞動力調查」（2017 年）。

人、無配偶女性為三十九萬人（未婚者三十三萬人，離異或喪偶者六萬人）。在同一份調查中，「就學」、「家務」以外的非勞動力人口（「其他」）中，男性為一百一十一萬人、無配偶女性為四十五萬人（未婚者三十七萬人，離異或喪偶者八萬人）。如圖表7-1所示，上述人口合計為二百八十三萬人。二十至五十九歲的總人口為六千二百一十六萬人，可算出占了百分之四．六。男性的比重占了整體七成，不過考慮到無業女性在回答時有可能會將自己當下的狀態歸類為「家務」，實際上的數字或許更多。但不管怎麼說，這都是相當龐大的人數。

二、成長過程、職涯經歷與現在

接著讓我們以二〇一六年首都圈調查的數據為基礎，看看這群人的成長過程、職涯經歷與現在的狀態。在這份調查的對象中，符合失業者與無業者標準共有六十一人（占五十九歲以下回答者總數的百分之三．四）。

圖表 7-2 呈現出了他們的基本屬性。男性與女性的人數幾乎相等。通常進行這類調查時，回答率較高的都是女性，所以有這樣的結果並不令人意外。年齡層分布得相當廣泛，最多的是四十歲世代，其次是二十歲世代。二十歲世代的人口之所以較多，主因包含了剛離開學校卻尚未就業的年輕人。四十歲世代會最多則應該是包含了就業冰河期世代吧。接著檢視學歷，有百分之四十五．九的人曾受過大學教育，而國中畢業者占了百分之十四．八也並不算少。不過男性與女性在學歷上出現了差異，男性的學歷明顯較低。再看配偶關係，有高達百分之八十三．六的人為未婚。未婚者所占比重較底層階級高出許多這一點，應該要特別拿出來討論。男性的未婚比例較女性來得高，但女性也超過八成。男性的有配偶者僅有一人，離異、喪偶者占百分之十四．八。求職中（「正在找工作」）的人占百分之四十四．三，這個項目也是男性的比例稍高。從未工作過的人有百分

圖表 7-2 ▼ 失業者、無業者的基本屬性（59 歲以下）

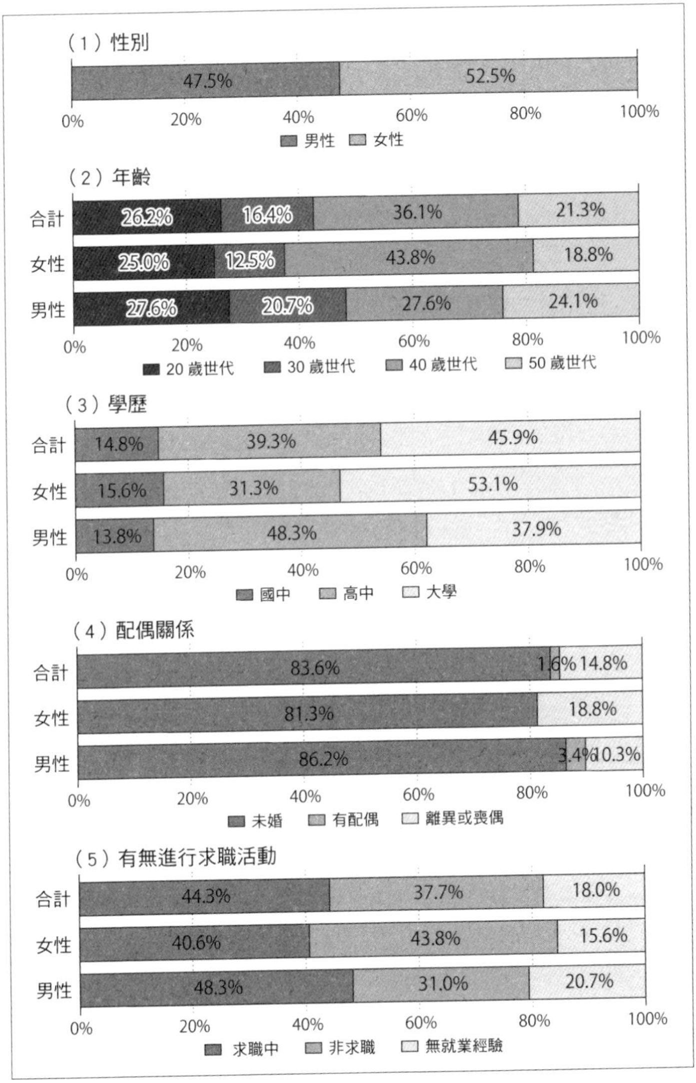

資料來源：由 2016 年首都圈調查計算得出。

注：「求職中」一項為回答「正在找工作」的比例。

之十八，實際人數為十一人，二十歲世代有七人較多，剩下四人為四十歲世代。

在底層階級外圍懷抱著嚴重問題的人們

光看上述數字，也能知道失業者與無業者的處境比底層階級來得更為嚴峻。這裡讓我們更仔細地審視他們的經歷。圖表7-3中，因為要呈現失業者與無業者上一份工作的所屬階級分布，故將無就業經驗的選項也納

圖表 7-3 ▼ 失業者、無業者的前一份工作

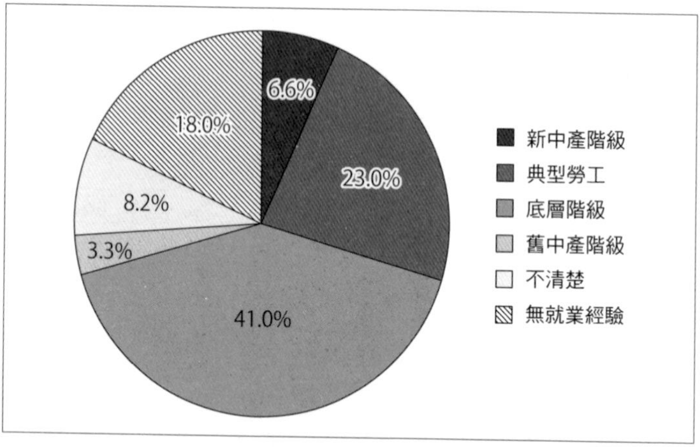

資料來源：由 2016 年首都圈調查計算得出。
注：「求職中」一項為回答「正在找工作」的比例。

入。從圖表中可看出占比最多的是底層階級（百分之四十一），無就業經驗或就業情況不明等其餘情況占了近六成。這樣的結果和筆者所預期的一樣，很多底層階級和失業者、無業者之間的身分是不斷互相轉換的。其他的情況中，上一份工作屬於典型勞工者頗多，占百分之二十三；屬於新中產階級者占百分之六・六偏低。而針對有就業經驗者提出有關轉職次數的問題，得到的回答如下。無轉職經驗者（只做過第一份工作）為八人，只有一次者為五人，二次者五人；有

圖表 7-4 ▼ 失業者、無業者的無業期間

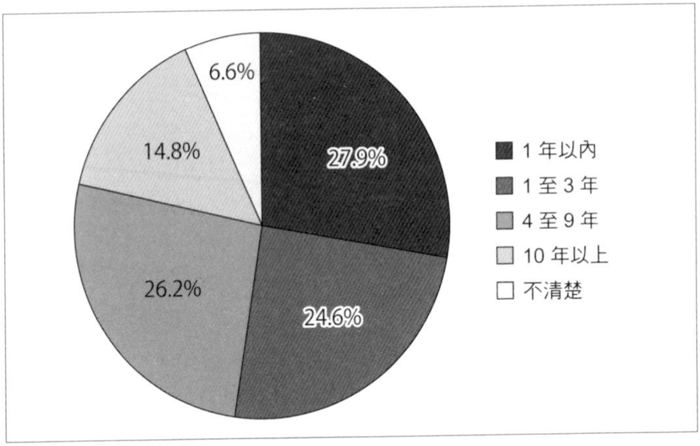

資料來源：由 2016 年首都圈調查計算得出。

三十人的轉職經驗超過三次，五次以上者有十四人，十次以上者也還有四人。由此可知這個群體中經常換工作的人還滿多的。

接著將他們離開學校或前一個職場後，維持無業狀態的時間長度繪製成圖表7-4。回答「一年以內」與「一至三年」的各占四分之一，也就是無業期間較短的人約占半數。不過「四至九年」占了百分之二十六．二，「十年以上」占百分之十四．八，可知很多人的無業期間相當長。

圖表7-5呈現出來的則是有轉職經驗者辭去上一份工作的原因。其中最多的回答是「健康因素」，計十二人。其次「對職場

圖表 7-5 ▼ 失業者、無業者辭去上一份工作的理由

健康因素	12人
對職場環境感到不滿	10人
公司倒閉、歇業、裁員等	5人
退休、勞動契約終止等	4人
家庭因素（結婚、育兒、照護等）	4人
收入太低	2人
工時太長	2人
其他	7人
公司為黑心企業、遭組織閒置、想試著轉換跑道、想自立門戶等	

資料來源：2016年首都圈調查。

環境感到不滿」的有十人，若把回答「收入太低」、「工時太長」、「公司是黑心企業」、「遭組織閒置」等廣義職場問題的人一併計入，則多達十六人，比回答「健康因素」的人還要多。回答「公司倒閉、歇業、裁員等」的有五人，其中四人為高中學歷。答覆「退休、勞動契約終止等」為四人，其中有三人為不到三十五歲的年輕男性。回答「家庭因素」者

圖表 7-6 ▼ 失業者、無業者的特徵（男女，59 歲以下）

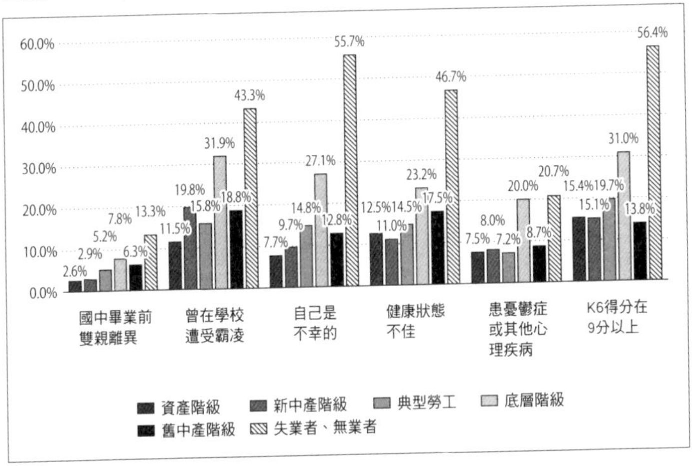

資料來源：由 2016 年首都圈調查計算得出。

注：「自己是不幸的」一項為「有點不幸」與「非常不幸」的合計。「健康狀態不佳」為「有點不佳」與「不佳」的合計。「患憂鬱症或其他心理疾病」一項為曾就醫接受診斷或治療者的比例。

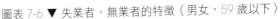

有四人，皆為女性。

圖表7-6比較了失業者、無業者和其他人的成長過程、就學經驗與現在的健康狀態。統計出來的結果實在嚴酷到令筆者不忍直視。失業者、無業者中，有百分之十三．三的人在國中畢業前雙親離異，這個比重較其他群體高得多，甚至接近底層階級的兩倍。「時常遭受父母其中一人暴力對待」者，與前一項同樣占百分之十三．三，是整體平均值百分之三．九的三倍以上。曾在學校遭受霸凌者的比重竟高達百分之四十三．三，超過整體平均值百分之十九．八兩倍，也比底層階級多了百分之十以上。

認為「自己是不幸福的」人數多達百分之五十五．七。這個數字是整體平均值（百分之十三．四）的四倍以上，連底層階級都只有百分之二十七．一的人會這樣想，可見情況真的很嚴峻。而健康狀態不佳的人也多達百分之四十六．七，約莫是其他群體的三至四倍，也達到底層階級的兩倍。失業者、無業者中「曾經就醫診斷、治療憂鬱症或其他心理疾病」的比例為百分之二十．七，這個數字與底層階級幾乎一致，不過再看到顯示憂鬱傾向的K6得分，超過九分的失業者、無業者占比竟達百分之五十六．四。

這個調查中，還列舉出「自治會・町內會」[1]、「義工團體・市民運動・NPO」、「學校的畢業校友活動（如同學會）」、「興趣或運動社團」、「其它」等九項活動團體，詢問調查對象的參加狀況，結果一如預期，失業者、無業者參加的人很少。以「興趣或運動社團」為例，整體平均比例為百分之二十四．三，連底層階級都有百分之十三．四的人參加，但失業者、無業者卻只有百分之六．七。再看「學校的畢業校友活動（如同學會）」這項，整體平均比例為百分之十三．三，底層階級的參與者為百分之九．二，反觀失業者、無業者卻僅有百分之一．七（六十一人中僅有一人）。或許是因為曾遭受霸凌的經驗令他們都對同窗敬而遠之了吧。相較於未參加任何一種活動者的整體平均比例百分之四十六，

1 譯注：日本的社區自治團體。

失業者、無業者的占比高達百分之八十一・七。

如同我們所看到的，他們的生活不僅遠離了職場，也遠離了職場以外的社會性活動。他們的身心狀態不佳，過著背負不幸的人生。在底層階級的外圍，還有這麼多扛著嚴苛生存問題的人辛苦活著。

三、失業者、無業者的真實面貌

二〇一六年的首都圈調查，透過問卷調查法讓參與調查者填寫紙本問卷，詳細回溯了當事人的出身家庭和成長過程、職涯經歷、現在的生活型態與健康狀態等資訊，讓我們得以相當細膩地描繪出填答者的真實面貌。筆者接下來將介紹幾個失業者、無業者的典型個案，記述出這些個案集中呈現的各種社會問題。不過在描述過程中，筆者也會適度模糊個案的真實資訊，同時也會綜合個案的填答進行部分推測。此外，描述中沒有觸及配偶關係者，皆為無結婚經驗的未婚人士。

個案一　東京都，二十幾歲，男性

他出身於東京的下町地帶。孩提時期雙親離異，母親兼職工作維持家計，家境貧窮，但據本人表示在校成績還算不錯。現在他和母親、姊姊一起住在民營的出租住宅。從職業學校畢業後，找到信用金庫的事務職正職工作，但因為健康因素在四年後離職。後來透過介紹，在親戚所經營的中小企業擔任機械整備員，但只做了四個月，就因為不滿職場環境而離職，現在正在找工作。他曾經就醫診斷、治療憂鬱症等心理疾病。他沒有收入，家戶所得未滿二百萬圓。

他認為自己在日本社會中屬於「下之下」的等級，也有身為貧窮階層的自覺。但他認為自己之所以陷入貧窮是由於自身不夠努力，並不是社會結構出了問題。有兩個較常往來的朋友，但並未參與包含興趣或運動社團在內的任何組織或團體，也不與鄰居往來。

個案二　神奈川縣，三十幾歲，男性

他出身於神奈川縣的老舊住宅區，直到最近才搬到同樣在神奈川縣內的民營出租住宅。據其表示是因為和近鄰幾位民眾起了糾紛，還遭到恐嚇，這才連夜搬到這裡，現在一個人住。小時候父母就離異，是由在居酒屋工作的母親一手帶大的。孩提時期曾經在學校遭受欺凌，還因此而拒絕上學。國中畢業沒多久，透過學校的引薦在餐館找到正職的工作，但因為人際關係經營不善，做了三年就離職。隨後也是經由介紹去做貨物搬運的臨時工，因生病的緣故後來也沒做了。現在沒有工作，也沒在找工作。他曾因為高血壓以及憂鬱症等心理疾病而就醫治療，意志消沉導致難以如常生活，什麼事都不想做。

他也認為自己已經算是貧窮階層了，但也和個案一一樣，並不認為是社會的錯，而是自己不夠努力。不過他認為政府即便是向富人增稅，也該完善對於弱勢者的福利制度，也覺得無論生活窮苦的理由為何，國家都有責任去照顧弱勢者。只有一個親近的朋友，也沒有參與任何團體，和鄰居的往來只限於打招呼的程度。現在正接受政府的生活經濟援助，每年有稍微高於一百五十萬圓的補助，但對於經濟狀況以及未來的生活都充滿了強烈的不安。

個案三　東京都，四十幾歲，男性

他出身於東京的下町地帶，因為和家人處得不好，在前陣子搬到了東京都內的其他地區居住。雖然詳細情況不明，但似乎是與在酒家工作的母親關係惡化。小時候，離婚前的雙親曾對他施以暴力，對他的飲食與日常生活疏於照顧，也曾逃避上學。雖然國中有畢業，但從未在社會上工作過。這很可能是憂鬱症或其他心理疾病所導致，因此他也曾就醫治療。問卷上關於憂鬱狀態的提問，像是「覺得煩躁」、「感到絕望」、「覺得自己毫無價值」這些項目，他的回答都是「總是如此」。出於身心狀態不佳的原因，他無法跟普通人一樣過日子，什麼事都做不了。

他認為自己在日本社會中屬於「下之下」的等級，也有身處貧窮階層的自覺。但和前兩個個案不同的是，他認為陷入貧困並不一定是因為自己不夠努力。另一方面，他擁有排外的思維，認為中國人與南韓人都在說日本的壞話，不希望自己居住的地區再增加更多外國人。

過去一年的所得僅稍高於一百萬圓，既沒有積蓄也沒有資產。應該也正接受政府的生活補助。他過著對飲食費與醫藥費控制得很緊的生活，幾乎不把錢花在與他人的交際和娛樂。他沒有親近的家人與親戚，頻繁往來的朋友也一個都沒有。他沒有加入任何團體，和近鄰的人也完全沒有往來。

個案四　東京都，四十幾歲，男性

他出身於東京下町地帶，與雙親及姊姊四人同住一個屋簷下。一家人原本居住於父親任職的中小企業員工宿舍，在父親離職後不得不搬離，現在租房子住。小時候在學校曾經遭到霸凌，生活水平一般，成績也不突出。從東京都內的工業高中畢業後，在一家大企業的工廠謀得正職工作，但因為對於職場環境有所不滿，沒做滿三年就離職了。接下來在短時間內換了兩次工作，最後在中小企業規模的建築公司擔任兼職。在這家公司工作了十三年，卻又因為公司倒閉而失業。無業期間延續了十年以上，現在也還在找工作。健康狀態沒太大問題，精神狀態也很平穩，看不出來有憂鬱的傾向。

他自認在日本社會中屬於「下之下」的等級，就連在自己所在的地區也是「下之下」。現在並不認為自己屬於貧窮階層，但認為未來淪為貧窮階層的可能性很大。他不關心政治，對於任何政黨或政治人物都沒有特別的好惡觀感，對政府的施政也沒有什麼想法。

自身沒有任何收入，家戶所得也只有一百五十萬圓。跟以前相比，現在的生活明顯過得更為辛苦，飲食費、醫藥費、交際費與娛樂費等諸多支出項目都大幅縮減了。不管是對家計狀況，還是家人與自身健康、未來的生活都感受到十分強烈的不安感，但即使如此，當被人問及是否覺得幸福，他的回答仍是「還算幸福」。他與家人的關係融洽，有兩個親近的朋友就住在附近。他沒有加入任何團體，和近鄰的人也完全沒有往來。

個案五　東京都，二十幾歲，女性

她成長於東京都內，直到現在都與家人住在從小住到大的房子。孩提時期父親從事自營業，母親兼職當收銀員。她在學校遭受霸凌，因而拒絕上學，畢業於函授式教學的高中。畢業後開始兼職工作，但沒多久就傷了身體而離職，之後不斷反覆換工作。不久前以派遣員工身分做著搬出商品的工作，但也是做了幾個月就因健康因素離職了。她也知道自己的健康狀態並不佳，常常意志消沉，就連一些日常活動也做不來。但她並沒有就醫診斷憂鬱症或其他心理疾病的經驗。

她自認在日本社會中屬於「下之下」的等級，也是貧窮階層的一分子，不過她認為人之所以陷入貧窮，並不是單單只是個體不努力，而是連帶整個社會運作方式都存在著問題。她同時還認為當今日本的階級落差太大，政府對富人百般優待，應該要向富人增稅，以完善支持弱勢者的社會福利制度。她和家人關係親密，但頻繁往來的朋友卻只有一人。她沒有參加任何團體，和鄰居的往來僅止於打招呼的程度。

個案六　東京都，三十幾歲，女性

她成長於東京都內，過去與家人同住，最近因為成了單親媽媽，為了自食其力而搬到附近的民營出租住宅。兒時在校成績表現一般，不曾遭受霸凌。父親在中型企業擔任管理職，母親也以正職員工的身分從事勞動。當時的生活相較之下較為寬裕。

從短期大學畢業之後，她以約聘員工的身分在憧憬的服飾業界的一家零售店工作，還曾經當到店長。只不過工作了八年之後，因為家庭因素而不得不辭職。經過一段時間，她再次以派遣員工身分在超級市場工作，卻又因為家庭因素，在三年後辭職。在無業的這段期間經歷了生產，現在一邊撫育女兒長大，一邊重新找工作。她的健康狀態沒有異常，精神狀態也相當穩定，但因家計情況惡化，自認已掉進貧窮階層。而她認為人會陷入貧窮都是社會的運作問題所導致，將自身經濟情況的惡化歸咎於政府責任。她也認為政府應該向富人增稅，以完善支持弱勢者的社會福利制度；同時覺得無論生活窮苦的理由為何，國家都有責任去照顧弱勢者。她沒有支持特定政黨，但唯獨厭惡自民黨與安倍首相。對於許多政治議題，她有著清晰的主張，反對解除經濟管制、為提高國際競爭力而降低工資以及修憲讓日本再軍備化，支持零核電。

現在因為沒有收入，飲食費、醫藥費、交際費與娛樂費等支出都大幅縮減。對於未來有著莫大的不安，關於是否幸福的問題，她回答「還算幸福」。她與住在附近的家人關係良好，現在也時常受到幫忙。頻繁往來的朋友有兩人。她沒有加入任何團體，和近鄰也沒有往來。

個案七　埼玉縣，四十幾歲，女性

她成長於埼玉縣內一個小鎮，現在也住在這個小鎮裡。小時候在學校曾遭受霸凌，在校成績普通。父親是事務職正職員工，母親也有兼職工作，生活水平算是一般。她在東京都內念短期大學，畢業後繼續就讀專業學校，在金融關係企業擔任正職員工，不過因為健康因素，只做了一年就離職了。二次就業之後，在剛滿三十歲時到一家小公司擔任正職員工，總共工作了八年，後來因為工時太長而離職。接著是長達十二年的待業期，現在也沒有進行求職活動。

她認為自己在日本社會中屬於「下之下」的等級，也是貧窮階層的一分子，不過因為老家窮人多，她覺得自己在地方上算是一般，甚至可算中上。曾因憂鬱症等心理疾病而就醫治療，經常感到意志消沉、身體狀態不佳，也讓她難以如常生活，什麼事都不想做。問卷上關於憂鬱狀態的提問，像是「覺得煩躁」、「感到絕望」、「覺得自己毫無價值」等項目，她大部分的回答都是「總是如此」。

年所得不滿一百五十萬圓，雖降低了飲食費，醫療費的支出卻省不了。對於自身健康與未來的生活感到強烈不安，認為自己一點也不幸福。她跟住在附近的家人關係良好，但親近的朋友卻一個也沒有。她沒有加入任何團體，和鄰居也沒有往來。

個案八　東京都，四十幾歲，女性

雖然出身於神奈川縣，但她現在一個人住在東京都內的民營出租住宅。雙親在她小時候就離婚了，由兼職工作的母親撫養長大。母親經常對她施以暴力，也對她的飲食及日常生活疏於照料。更因在學校遭到霸凌而開始拒絕上學。她有兩個哥哥，據本人表示小時候家境相當貧困。

國中畢業後，在學校的引薦下到一家醫療機構擔任正職員工，但因為結婚的關係在四年後離職。接著做了幾份兼職，最後在一間大型零售店工作，不過也只做了一年左右就離開了。後來她再也沒有就業，無業期間超過二十年。而後又經歷了離婚，供二十二歲的獨子讀完高中之後就不住在一起了。

她自認在日本社會中屬於「下之下」的等級，也屬於貧窮階層。對於貧窮是自身造成還是社會結構原因並沒有特別的想法，但她認為政府應該增加富人的稅賦，以完善支持弱勢者的社會福利制度。她住在外國人很多的地區，覺得自己跟外國人還算合得來。沒有特定支持的政黨，若真要選一個的話，她表示對共產黨還滿欣賞的。

健康狀態不佳。經常感到身體不適或情緒低落，連續好幾天無法做任何事。她沒有回答所得的問題，積蓄和資產則完全沒有。對於自己與家人的健康，還有將來的生活感到強烈的不安，不過當她被問及是否幸福時，還是回答覺得自己「還算幸福」。與住在附近的家人關係融洽，但親近的朋友一個也沒有。她沒有加入任何團體，和鄰居維持著相互寒暄的來往關係。

從以上八個個案，可以看出失業者、無業者是由許多共同的因素交織而成的。首先是原生家庭的貧窮，由此連結到雙親離異、家暴和疏於照料。許多人都有過在學校遭到霸凌的經驗，同時大多都有心理疾病或強烈的憂鬱傾向。很多個案並非原本就有心理疾病，他們跟一般人一樣就業，但在工作過程中逐漸開始出現病灶。

而現階段這群人幾乎全處於貧窮狀態，也都有身為貧窮階層的自覺。雖然在調查中沒有明確提到是否接受政府的生活補助，不過從一些個案的家計情況看來，可判斷是有受領的。他們對未來的生活感到極度不安，很多人連一個親近的親友也沒有，即使有人數也相當少。

當我們談到失業率或者失業人口，往往是用幾萬人的單位或者百分比的單位這種量化指標去加以掌握，同時很容易只去關注那些依景氣好壞而隨時變動或顯示景氣趨勢的量表。然而試著去進一步理解個別的失業者與無業者時，便不由得注意到隱藏於其中的各種嚴苛問題，在這個比底層階級更為底層的位階，存在著許許多多正面臨沉重問題的人們。這些人連接著底層階級，是現代階級社會中至為關鍵的部分，應該也可視為新階級社會中最大的犧牲者。

四、與底層階級之間的政治同質性

從前幾個小節的分析，我們可以得知失業者與底層階級之間是有連續性與同質性的。那麼是否可以說這兩者在政治上也具有同質性呢？在進入下一章探討底層階級與政治之間的關係之前，筆者將先針對這點稍加確認。

圖表7-7所呈現出的是包含底層階級和失業者、無業者等八種群體，對於消除階級落差與所得再分配所抱持的態度。男性的部分在圖表4-15，女性的部分在圖表5-10已呈現過，此處將男性與女性的數據彙整於同一個圖表中呈現。

底層階級和失業者、無業者對於「進行所得再分配，增加富人的課稅以完善弱勢者的社會福利制度」這一點的態度是一致的。支持的比例前者為百分之七十一．八，後者為百分之六十九．二。態度消極的群體為資產階級、新中產階級和典型勞工，比例在百分之十五至百分之二十上下。

而對於「無論生活窮苦的理由為何，國家都有責任去照顧弱勢者」這個想法，底層階級和失業者、無業者的態度也相當一致。支持這個說法的人數占比各為百分之五十八．八和百分之五十二．九。對此態度較為消極的資產階級、新中產階級和典型勞工，占比在百分之十至百分之二十之間。

圖表 7-7 ▼ 對於所得再分配議題的態度（男女，20 至 59 歲）

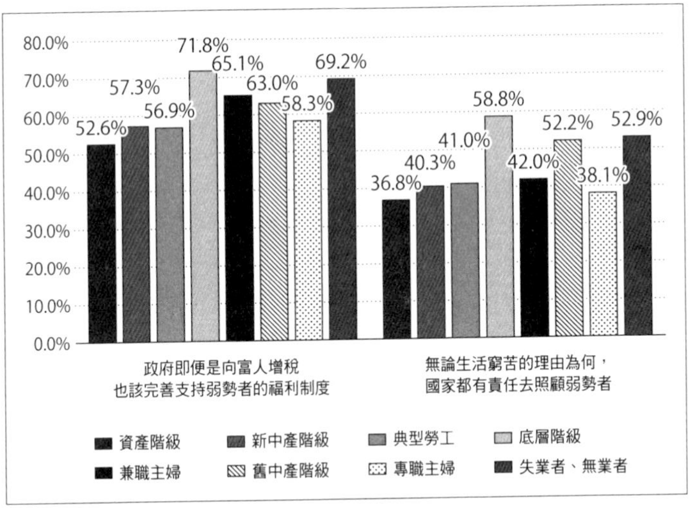

資料來源：由 2016 年首都圈調查計算得出。
注：兩項皆為「非常認同」與「還算認同」的合計。

雖關心再分配的議題，卻不關心政黨

底層階級和失業者、無業者對於消弭階級落差與所得再分配的態度與支持政黨，也就是自民黨的支持率有密切關係。從圖表7-8可清楚看到這樣的結果。對於「政府即便是向富人增稅也該完善支持弱勢者的福利制度」這個問題回答「非常認同」者支持自民黨的比率僅百分之十三．七，比其他政黨支持率百分之十六．二還低。回答「還算認同」者支持自民黨的比重為百分之十八．八，回答「不太認同」者則出現不小差距，來到百分之二十四．五，同時對其他政黨的支持率也相應地降低。附帶一提，支持與自民黨同為在野黨的公明黨的人，對於消弭階級落差與所得再分配的態度，和民進黨（調查當時）及共產黨的支持者幾乎一致。而針對前述問題回答「完全不認同」，對所得再分配的必要性持全然否定態度者，其自民黨支持率達到百分之三十二．六，支持其他政黨者僅占百分之二．一，無特定支持政黨者占百分之六十五．三。從這裡的數字可看到，對於所得再分配議題的態度，是左右政黨傾向的重要因素。

因此，底層階級與失業者、無業者自然是不支持自民黨的。前者的自民黨支持率為百分之九．四，後者則為百分之十一．七，這數字在所有群體中是最低與第二低的，比第三低的兼職主婦還要低上百分之五至百分之七。但若說支持率轉移到其他的政黨，從數據看來又並非如此。在其他政黨的支持率上，他們和典型勞工與舊中產階級幾乎是一致的。而無特定支持政黨（回答「不知道」）的比重，底層階級來到百分之

圖表 7-8 ▼ 對於所得再分配的態度與政黨傾向（男女，20 至 59 歲）

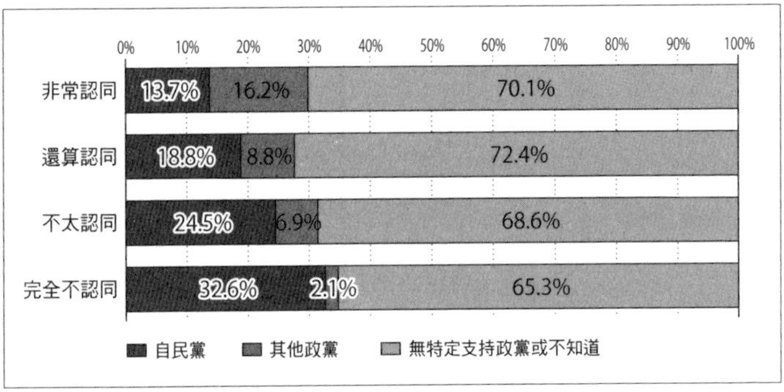

資料來源：由 2016 年首都圈調查計算得出。
注：贊成或反對「政府即便是向富人增稅也該完善支持弱勢者的福利制度」命題。

七十九，失業者、無業者則來到百分之七十六．七。

在階級結構底層受苦的底層階級與失業者、無業者，支持消弭階級落差與所得再分配，在政黨傾向上拒絕支持自民黨。即便如此，他們也沒有支持其他政黨。不管哪個政黨他們都不支持，甚至可說是漠不關心。也因此他們的意志並沒有被反映在現實政治上。至少從現狀看來是如此。但是，若他們的意志沒有反映在政治上，消弭階級落差與所得再分配就不會實現。那麼現狀是否就無法改變了呢？筆者在下一章會針對這個問題進行探討。

第八章——底層階級與日本的未來

經過前幾章的分析，讀者應該已經能大致掌握現代日本底層階級的全貌了。

五十九歲以下，屬於青年・中年底層階級的男男女女，多處於極度貧窮的狀態，甚至連順利成家維持好一個家庭都有問題。他們身心出現了諸多狀況，過得相當艱難，而且沒有指望能夠改善。而五十九歲以下的失業者與無業者，所處的情勢則更加嚴峻，是底層階級之中底層性格最為昭顯的一群人。

六十歲以上的高齡底層階級，以正職員工身分度過漫長的職涯，也與家人有著相互支持的關係，諸如此類的特性和青年・中年底層階級有所不同。不過，因為他們的存款和金融資產不多，能受領的年金也很少，為了生計而不得不從事非典型勞動，和六十歲以上的無業者相比明顯處於階級中的更低下位階，也和青年・中年底層階級擁有共通的底層性格。

而在不久的將來，組成高齡底層階級的主要群體也將重新置換。十至二十年後，現在的青年・中年底層階級將迎來沒有資產、很難指望年金，同時也沒有家人支持的老後生活。

若繼續將底層階級所顯露出來的問題放任不管，日本社會無疑將迎來很大的危機。少子高齡化的問題會進一步惡化。一部分的底層階級雖然也生養了孩子，卻很難保障這些孩子未來的教育機會。這些男男女女終究會老，若任由他們憑藉自身努力去面對生活的磨難，我們幾乎可以預見那無比悲慘的結局。而若要啟動社會保障機制來支援他們的生活，也需要龐大的財政來源。說起來，讓這些加上失業者與無業者後接近勞動人口兩成的群體，過著充滿不安與痛苦人生的社會明顯已然生病，而且正處在一個相當危險的狀態。

要想避開這步步進逼的危機，必須在政治上進行改革。筆者在第四章曾提及青年・中年底層階級男性本身擁有改變社會的可能性。而在第五章提到的底層階級女性，在第七章提到的失業者、無業者，也都在某種程度上具備相似的可能性。接著筆者將詳細探討這種政治上的可能性。

一、無處可去的不滿

人們是如何形成政黨傾向的呢？雖然這只是個單純的假設，不過人們說不定是如下所述這般思考的。

每個人都希望可以將生活打造成讓自己滿意且能從中感到幸福的模樣，從而會去支持可以協助自己創造理想生活的政黨。而若是對當下生活感到滿意且自覺幸福的人，也會去支持能幫自己維持這理想生活的政黨。這時的政黨支持結構理應就會呈現出如圖表 8-1 所示的狀態。

對現在生活感到滿意並覺得幸福的人，他們所支持的政黨應該是長期把持政權，打造了這個社會、同時也將繼續維持（或說放置不管）這個社會的自民黨吧。與之相對，對現今生活不滿也覺得不幸福的人，應該就會去支持能改造社會、讓自己的理想生活得以實現的其他政黨吧。筆者在此以橫軸代表民眾的滿意度與幸福感，縱軸代表政黨支持率，得出了一個自民黨上揚而其他政黨下滑的圖表。

於是政黨便透過向民眾宣傳自己曾經創造了什麼樣的社會，以及未來社會的願景，將民眾的滿意與不滿意，幸福與不幸福加以組織化。此處所說的組織化，並非成立一個官方組織好讓民眾加入的意思，而是透過動員民眾謀求支持、促進投票的行為。所謂政黨的實力，指的便是能多大程度動員民眾滿意度與幸

圖表 8-1 ▼ 政黨對滿意度和幸福感的組織化

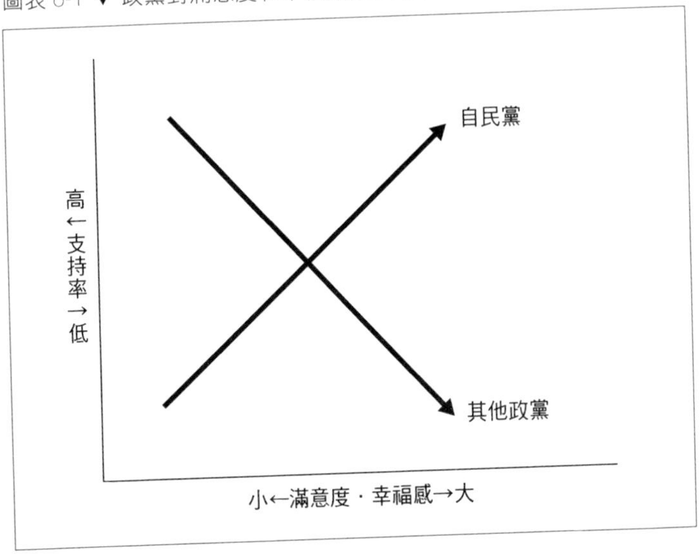

福感的組織力量。

將滿意度和幸福感組織化的自民黨

為了釐清現存政黨對滿意度和幸福感組織化的能力，以圖表8-2分別將生活滿意度、幸福感與政黨支持度之間的關係呈現出來。筆者將政黨支持度分為「自民黨」、「其他政黨」、「沒有特定支持政黨．無意見」三類。「其他政黨」包含身為執政黨的公明黨，此處雖不能無視其與其他在野黨之間的差異，不過這裡想要呈現的是政黨支持度的結構，這些差異並不構成影響，故將其納入此一分類。

首先請看生活滿意度與政黨支持度之間的關係。隨著生活滿意度由不滿意到滿意，自民黨的支持率依序為百分之十六、百分之十九．二、百分之二十六．二，呈逐漸上升的態勢。積極支持自民黨的是富足的人們，可見在組織民眾的滿意度這件事上，自民黨在一定程度上是成功的。那麼自民黨以外的其他政黨是什麼情況呢？他們的支持率隨著生活滿意度由滿意到不滿意而逐漸上升，依序為百分之九・一、百分之十・六、百分之十一・九。不過上升的幅度僅百分之二・八。相較之下，無特定支持政黨者的數字依序為百分之六十四・七、百分之七十・三、百分之七十二・二，上升幅度更為顯著。可以說，自民黨以外的政黨，在組織民眾的不滿心理是不成功的。

那麼幸福感與政黨支持度

圖表 8-2 ▼ 政黨對「滿意」和「不滿」的組織化

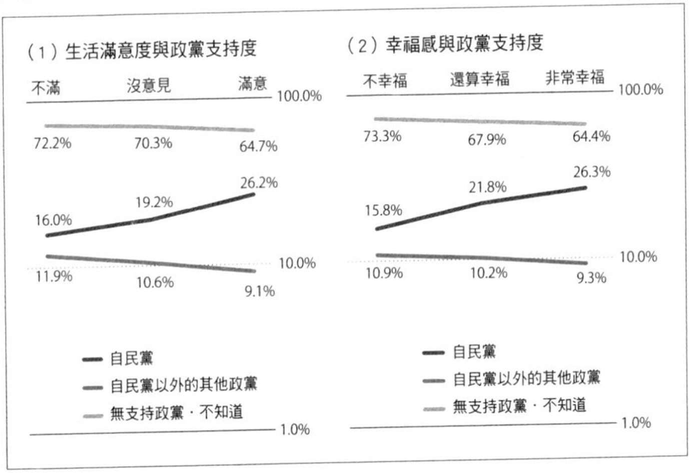

資料來源：由 2016 年首都圈調查計算得出。
注：20 至 69 歲男女。縱軸採對數尺度。

之間的關係如何呢？從圖表上可看到呈現的趨勢是一樣的。從不幸到幸福，自民黨的支持率逐漸上升，依序為百分之十五．八、百分之二十一．八、百分之二十六．三。強烈支持自民黨的是感到幸福的人，自民黨在組織民眾幸福度上獲得了一定程度的成功。反觀從幸福到不幸，自民黨以外的其他政黨支持率依序為百分之九．三、百分之十．二、百分之十．九，雖幅度不大仍呈現上升的走勢。無特定政黨則以百分之六十四．四、百分之六十七．九、百分之七十三．三的比例依序上升。自民黨以外的政黨，在組織民眾的不幸感上是不成功的。

如圖表所示，自民黨在組織化民眾的滿意度與幸福感這件事上，獲得了一定程度的成功。自民黨就是那些富足又幸福民眾的政黨。反觀自民黨以外的其他政黨，在組織民眾的不滿與不幸上，並沒有得到成果。人民的不滿與不幸無處可去，使得他們的政黨傾向轉為無特定支持政黨，或者對政治漠不關心。

底層階級的滿意度被自民黨與公明黨這兩個政黨組織化

然而以上所見的政黨支持結構，依所屬階級不同亦有所區別。請看圖表8-3與圖表8-4。筆者省略了人數較少的資產階級與兼職主婦，並將五十九歲以下的無業者包含在底層階級內（不含六十歲以上的無業者）。

先看新中產階級。自民黨的支持率隨著生活滿意度由不滿意到滿意而顯著上升。可以說自民黨成功組織了新中產階級的滿意度。相較之下，自民黨以外的其他政黨的支持率並沒有隨著民眾對生活滿意到不滿意而呈現穩定趨勢，對現今生活感到不滿的人，支持率反而較低。自民黨以外的其他政黨在組織新中產階級的不滿上，很明顯地失敗了。

典型勞動階級的趨勢則不太一樣。生活滿意度愈高則自民黨支持率愈高，這點與新中產階級是一樣的。不過對自身生活感到不滿的人對其他政黨的支持率為明顯偏高的百分之十五．一。這顯示自民黨以外的其他政黨，在組織勞動階級的

圖表 8-3 ▼ 政黨對「滿意」和「不滿意」的組織化

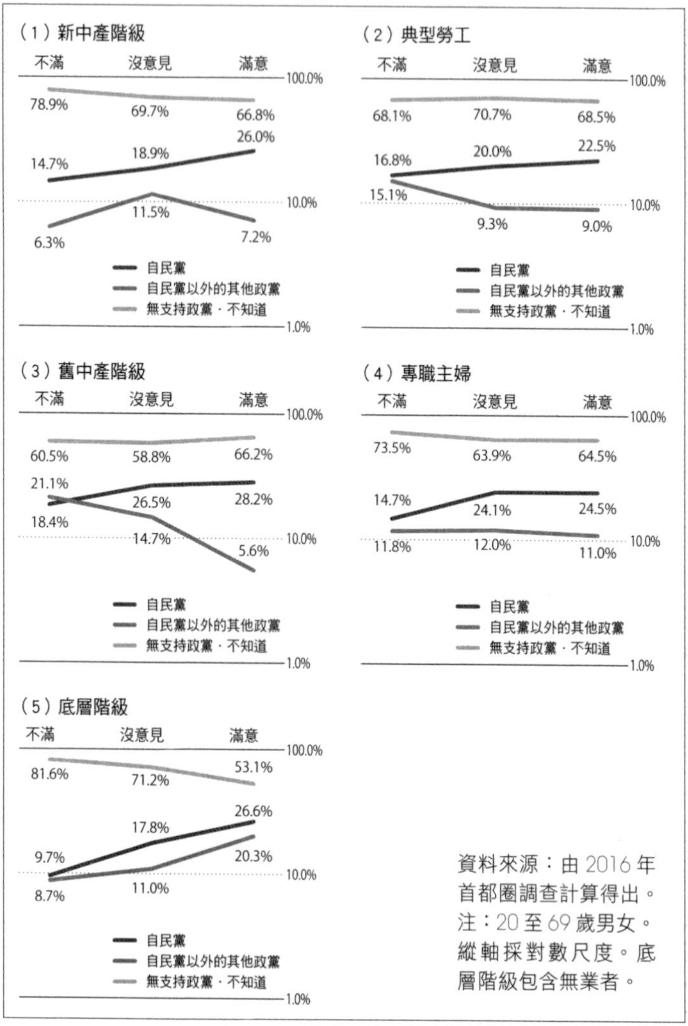

資料來源：由 2016 年首都圈調查計算得出。
注：20 至 69 歲男女。縱軸採對數尺度。底層階級包含無業者。

不滿上，獲得了一定程度的成果。

舊中產階級所呈現出來的對比更大。民眾對自民黨以外其他政黨的支持率，從滿意到不滿意呈現出相當顯著的上升趨勢，依序為百分之五・六、百分之十四・七、百分之二十一・一。而相對的，自民黨的支持率隨著不滿意到滿意，依序為百分之十八・四、百分之二十六・五、百分之二十八・二。雖然也是上升趨勢，但上升的幅度還不及其他政黨的支持率。自民黨的確成功組織了舊中產階級民眾的滿意度，但其他政黨更為成功地組織了舊中產階級的不滿。專職主婦也呈現了與新中產階級相似的趨勢。自民黨成功組織了專職主婦對生活的滿意度，而其他政黨在組織專職主婦的不滿上則失敗了。

底層階級又會呈現何種趨勢呢？令筆者相當驚訝的是，他們呈現出來的傾向與此前所見的所有階級及群體差異甚大。從不滿意到滿意，不只支持自民黨的比例上升，支持其他政黨的比例也不知何故地上升了。隨著生活滿意度由不滿意到滿意，自民黨的支持率依序為百分之九・七、百分之十七・八、百分之二十六・

六，呈明顯上升趨勢。在這層意義上，自民黨也能成功地組織底層階級民眾的滿意度。但相對的，隨著生活滿意度由不滿意到滿意，其他政黨的支持率也有百分之八·七、百分之十一、百分之二十·三的顯著上升趨勢。

事實上，若更具體檢視生活滿意度較高的底層階級政黨傾向，支持率次於自民黨的是公明黨。因此，底層階級的滿意是被自民黨與公明黨兩黨組織化的說法是可以接受的。但由於底層階級對自身生活感到滿意者的占比本身就不高，因此對全體的影響也不大。問題在於這些對生活感到不滿的人，對自民黨以外的其他政黨支持率只有極低的百分之八·七。為什麼會這樣呢？

其箇中原因只要檢視無特定支持政黨者的比例就能理解了。依生活滿意度來觀察無特定支持政黨者的比例，底層階級以外的階級對生活不滿意者的占比雖然也很高，但相較於同階級滿意者只有百分之十上下的差距。然而在底層階級中，對生活不滿者的政黨傾向為無特定政黨的比例壓倒性地高達百分之八十一·六，還高於對生活滿意者將近百分之三十。

這意味著什麼呢？大概可以理解為，對生活滿意的底層階級和其他階級一樣關心政治，而且都支持自民黨，或者也有些人支持深耕貧窮階層的執政黨公明黨。相對之下，對生活抱持不滿的底層階級無法對政治有任何期待，從而對政治冷感。因此無特定支持政黨的比例呈現了極端上升的走勢。

不幸的底層階級不支持任何政黨

接著來看看幸福感與政黨支持之間的關係吧（圖表8-4）。首先看到新中產階級與舊中產階級，自民黨的支持率自不幸到幸福呈明顯上升走勢，其他政黨則呈現支持率下降走向。幸福感被自民黨所組織化，而不幸則被其他政黨組織化。反觀專職主婦群體，她們的幸福感雖有被自民黨組織起來的傾向，但其他政黨的支持率並未依幸福程度而有太大的不同，所以也不太能說專職主婦的不幸被其他政黨所組織化。典型勞動階級的趨勢亦有所不同，自覺幸福者對自民黨與其他政黨的支持率較低，自覺不幸者的支持率則較高。典型勞工的不幸，與前面提到對生活感到不滿意的意義是不同的，那或許只促使了他們的政治意識覺醒而無關支不支持自民黨。

最後來看看底層階級。此處呈現出來的傾向與生活滿意度是一樣的。認為自己不幸福的底層階級不支持哪個政黨，無特定支持政黨的比例顯著上升。不幸的底層階級拋棄了政治。不過若從結果來說，是底層階級被政治給拋棄了。

將上述討論稍加整理，得出以下的結論。

整體而言，自民黨成功將民眾的滿意度與幸福感組織化。富足而幸福的人就是自民黨的支持基礎。相較之下，自民黨以外的其他政黨，能在有限的範圍內將民眾的不滿和不幸加以組織化，特別是組織起典型勞工與舊中產階級的不滿，以及新中產階級與舊中產階級的不幸更是取得一定程度的成功。不過這樣的成功比起自民黨組織民眾滿意度與幸福感的成功，程度還是低了些。

而現代日本之中背負著最多不滿與不幸的底層階級，與政黨之間呈現何種

圖表 8-4 ▼ 政黨對「幸福」和「不幸」的組織化

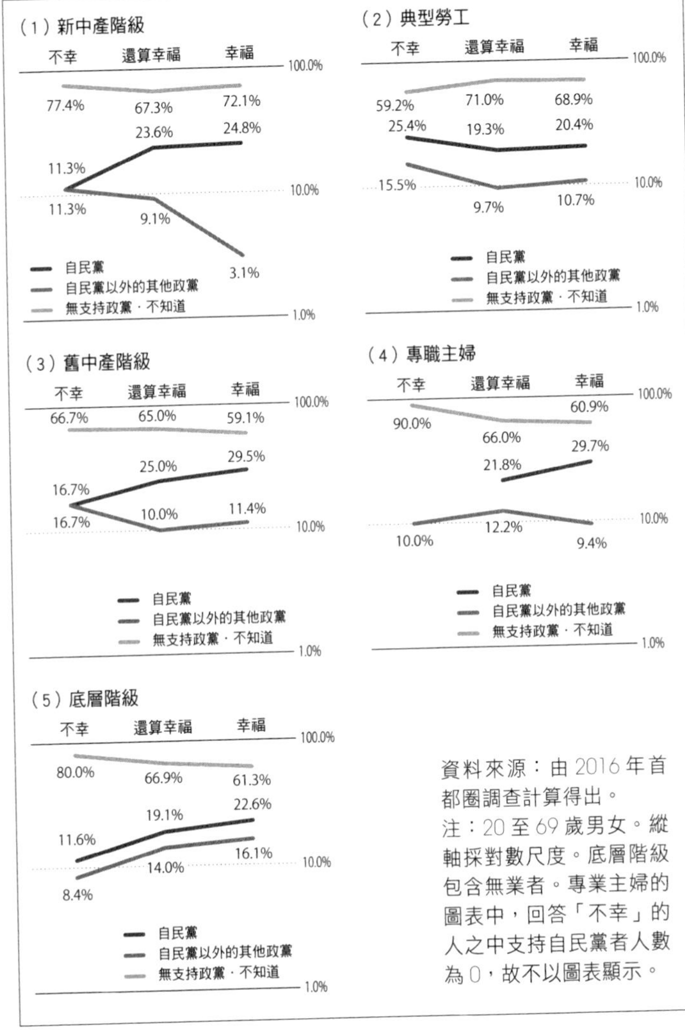

資料來源：由2016年首都圈調查計算得出。
注：20至69歲男女。縱軸採對數尺度。底層階級包含無業者。專業主婦的圖表中，回答「不幸」的人之中支持自民黨者人數為0，故不以圖表顯示。

關係？很遺憾的，並沒有可以稱為關係的關係。對生活滿意並感到幸福的底層階級，雖對自民黨及其他政黨都有一定的支持度，也只是表示他們總算和其他階級人民一樣具備了對政治的關心度。不過這群人也只是整個底層階級中的特例而已。對生活抱持不滿同時自覺不幸的大部分人，並沒有支持特定政黨，甚至對政黨毫不關心。

位處日本社會危機中心的這個階級，喪失了對於政治的關心。筆者不禁心想，如果真是如此，那麼說不定就沒有解除危機的機會了。

而要解決這個難題，就需要滿足兩個條件。第一個條件是，將透過所得再分配來縮小階級落差與消除貧窮這個議題推上政治舞台的核心，成為爭論的焦點。第二個則是要形成一股新政治勢力，並公開宣稱自身的支持基礎就是底層階級。

二、唯有消弭階級落差是政治爭論的焦點

筆者在第七章曾提到，「透過所得再分配來消除貧窮」這個議題是民眾決定政黨傾向的重要基準。然而在現代日本社會，除此以外仍有許多政治爭論的焦點。接著就把「透過所得再分配來消除貧窮」這個議題與其他政治議題進行比較，看看它是否真的是左右政黨傾向更為重要的基準。為此，圖表8-5呈現出了包含其他五個議題在內，每個議題與政黨支持度的關係（與圖表7-8不同，年齡層設定在二十至六十九歲）。

首先看（1）「無論生活窮苦的理由為何，國家都有責任去照顧弱勢者」，這和圖表7-8中「政府應該增加富人的稅賦，以完善支持弱勢者的社會福利制度」一項一樣，追求的是透過所得再分配來救濟貧窮階層。這點與政黨支持度的關聯性著實相當大。回答「非常認同」者的自民黨支持率僅百分之十一．二，對其他

政黨的支持率達到百分之二十．二。但反過來看「完全不認同」者的自民黨支持率為百分之三十六．七，其他政黨的支持率僅百分之四．一。其他政黨將透過所得再分配來救濟貧窮階層的主張，組織化為對自身的支持。相對的，自民黨則將拒絕所得再分配、主張「放棄貧窮階層」的呼聲強勢地組織起來。

相對的，（2）「政府應盡可能減少對經濟的管制」又是如何呢？這是一種新自由主義的主張，自民黨從二十世紀末以來便視為基本政策來推行，不過和政黨傾向的關聯性並不強。回答「認同」者的自民黨支持率有百分之三十，確實很高，然而這數字和回答「不認同」者的差距非常小。而他們對其他政黨的支持率基本上也無關乎其本身是否贊成此議題。至少在這種大原則底下，新自由主義並非區分自民黨與其他政黨的分歧點。

而（3）「今後的施政比起經濟成長應更加重視環境保護」這個主張，和政黨支持度明顯地出現關聯。回答「認同」者的自民黨支持率停在百分之十六．七，回答「不認同」者的數字則相對地來到百分之三十四．四，可知這個政黨的民意

圖表 8-5 ▼ 各種政治議題與政黨支持度的關聯性

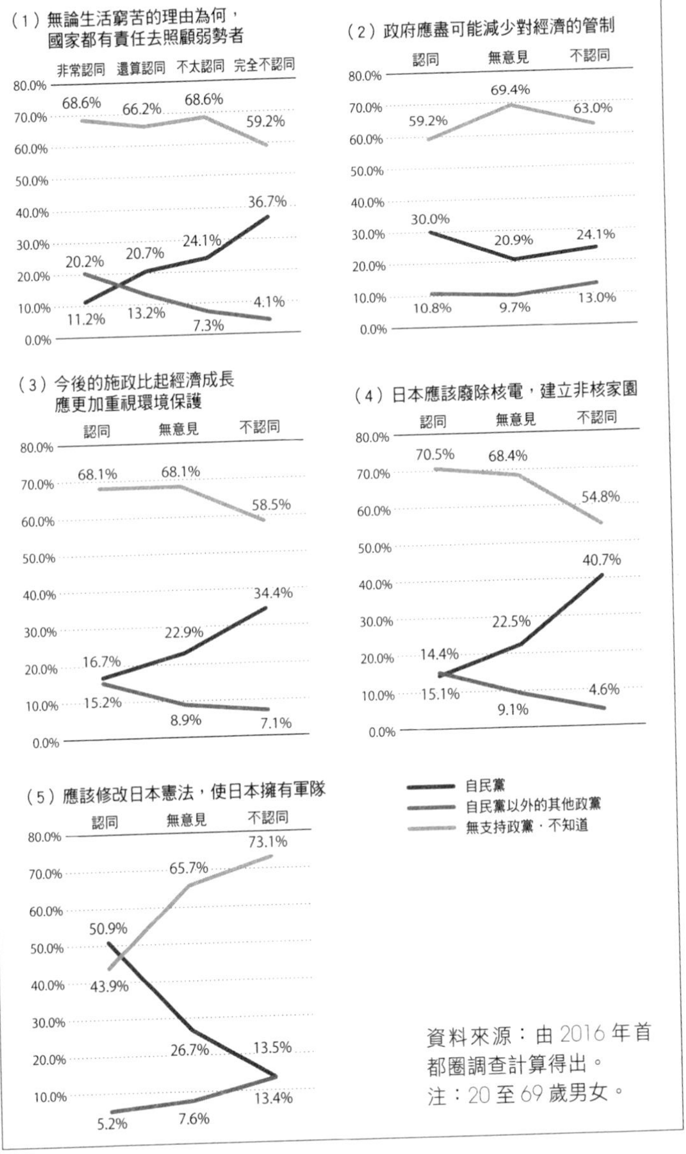

資料來源：由 2016 年首都圈調查計算得出。
注：20 至 69 歲男女。

基礎是建立在「即便破壞環境也應該要實現經濟成長」的主張之上。回頭再看其他政黨的支持率，回答「認同」者比回答「不認同」者的數字高，但差距也只有百分之八上下，折線圖的線段斜率並不陡。保護環境的立場，似乎也並非民眾支持其他政黨與否的關鍵因素。

（4）「日本應該廢除核電，建立非核家園」這個主張，與政黨傾向的關聯非常強烈。回答「不認同」者的自民黨支持率高達百分之四十．七，由此可知，該政黨集結了即使發生福島第一核能發電廠嚴重事故也仍應繼續運行核能發電的廣大民意支持。與之相對，回答「不認同」者對其他政黨支持率僅有百分之四．六，而回答「認同」者則為百分之十五．一，是前者三倍以上。這些政黨可說是一定程度整合了民眾對於廢核的訴求。不過百分之十五．一也並不是多大的占比。在這項主張上，最重要的群體首推無特定支持政黨者，回答「不認同」者占百分之五十四．八，而回答「認同」者則達到百分之七十．五。也就是說，主張廢核的民眾，與其說他們支持自民黨以外的其他政黨，不如說他們多為無黨派人士。

在（5）「應該修改日本憲法，使日本擁有軍隊」這一項中，我們可以看到更為明確的政黨傾向。回答「認同」者中，有高達百分之五十・九是自民黨支持者。修改憲法第九條與成立軍隊的態度，成為民眾是否支持自民黨的關鍵因素。那麼自民黨以外的其他政黨呢？回答「不認同」者的支持率僅百分之十三・四，雖比回答「認同」者高上許多，不過無特定支持政黨者的數字百分之七十三・一更是遙遙領先。這顯示主張維持現狀、不修改憲法第九條與反對擁有軍隊的人，多為無黨派人士。

「核能發電應該繼續推行」、「應該修憲讓日本擁有軍隊」等主張，是自民黨動員支持度的重要決勝手段。反觀自民黨以外的其他政黨，筆者必須很遺憾地說，他們並沒有這種能夠動員支持群眾的政治論點。若硬要說還算接近的，不是環境保護或反對核能發電，也不是擁護憲法第九條，而是所得再分配。

三、為了擴大支持基礎

看了上述的分析結論，腦筋動得快的在野黨政治人物，說不定就會這樣思考。現階段底層階級並沒有特別支持哪個政黨，他們想要的是透過所得再分配來縮小階級落差以緩解貧窮。那只要把這種政策突顯出來，應該就能獲得底層階級的支持了吧。如此一來，重視環境保護、反對核能發電、反對修改憲法第九條等黨內所推行的其他政策，也會獲得更多群眾的支持才對。

然而，事情並沒有這麼單純。底層階級雖然強烈支持所得再分配，但相對於減緩經濟管制、環境保護、廢核、修憲與擁有軍隊等任何一個議題，他們的態度仍不夠明朗。反而回答「沒意見」的人占比最高。以「應該修憲讓日本擁有軍隊」為例，回答「認同」的比例，資產階級（百分之十八．二）與新中產階級（百分之十六）最高，專職主婦（百分之六．九）最低，而底層階級的百分之十二．八則接近整體的平均值（百分之十二．五），還比回答「沒意見」的百分之十一．五來得高。

而且還要考慮接下來所提到的因素。傳統的左派，或者自由主義者，對於所得再分配、環境保護、和平主義等主張，均自然而然地一視同仁且一概而論。然而在現今社會，能夠將這些主張一概而論的基礎，很大程度已經不存在了。

在圖表8-6中，筆者劃分出不同的階級來檢視民眾對所得再分配（即「政府即便是向富人增稅也該完善支持弱勢者的福利制度」）的態度與修改憲法第九條和擁有軍隊（即「應該修改日本憲法，使日本擁有軍隊」）的態度之間的關聯性。（底層階級與專職主婦中，對所得再分配議題回答「完全不認同」者僅數人，故將「不太認同」的回答也一併計入。）

其中最容易解讀的就是新中產階級。有高達百分之七十三．一支持所得再分配的人，反對修改日本憲法，使日本擁有軍隊；贊成者僅百分之七．七。相對的，不支持所得再分配的人中，有百分之二十二．五的比例贊成修改日本憲法，使日

圖表 8-6 ▼ 所得再分配與修改憲法第九條的關聯性

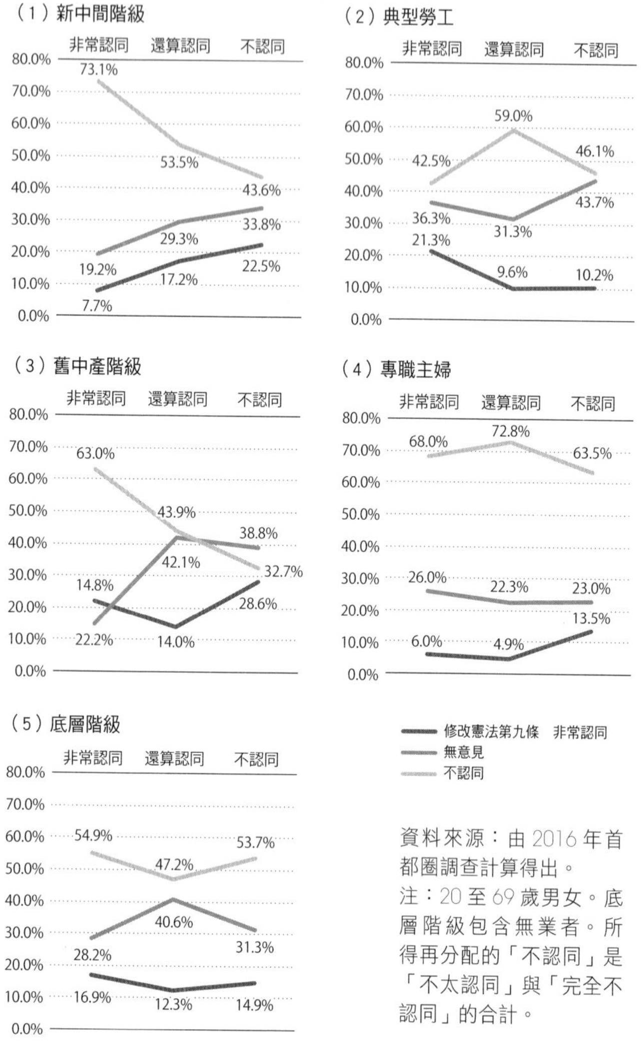

資料來源：由2016年首都圈調查計算得出。
注：20至69歲男女。底層階級包含無業者。所得再分配的「不認同」是「不太認同」與「完全不認同」的合計。

本擁有軍隊；表達反對態度的占比為百分之四十三．六，下降了將近一半。因此可以理解為，新中產階級對於所得再分配與和平主義的理念，在理論上能被整合起來。情況相似的還有舊中產階級與專職主婦。這兩個階級不像新中產階級那樣明確，雖有部分關聯性也非特別顯著，但舊中產階級之中反對修憲者的比例與支持所得再分配者一樣高，專職主婦則是贊成修憲者的比例與反對所得再分配者一樣高。

然而典型勞動階級的關聯性卻是崩塌的。贊成修改憲法使日本擁有軍隊的人支持所得再分配的比例較高（百分之二十一．三），不支持者較低（百分之十．二）。而反對修改憲法第九條的人，對所得再分配持「還算認同」態度者占百分之五十九，是最高的一項。在這個階級中，所得再分配與和平主義無法被整合到一起。

而底層階級則完全看不到兩者的關聯性。折線圖的走向與新中產階級成為鮮明的對照組，呈現出毫不關心的水平線，或是V字型及倒V字型。

就算追求再分配也和自由主義無緣

環境保護與和平主義的理念，很難擴散至底層階級。他們雖然也主張所得再分配，但那只是基於自己身陷貧窮而發出的呼聲，和左翼意識形態及自由主義基本上是無緣的。

如同圖表 8-5 所顯示的政黨傾向結構，要形成一股包含底層階級在內、足以抗衡自民黨的政治勢力，其最具關鍵性力量的政論主張，就是透過所得再分配來消弭階級間的落差與緩解貧窮狀態。不過，千萬不要誤會了。嚴格來說只有新中產階級會把所得再分配、環境保護與和平主義當成具有一貫性的政治主張來看待。其他階級，尤其是底層階級，即使認同所得再分配，也不代表會同樣贊成環境保護與和平主義。

在此筆者援引經濟學者松尾匡關於「左翼」與「右翼」的概念為參考。根據他的說法，將世界縱向切開，分為「內集團」與「外集團」，「內集團」的夥伴就是「右翼」。而將世界橫向切開，分為「上層」與「下層」，「下層」的夥伴就是「左翼」。這是什麼意思呢？「右翼」站在世界縱向切分後的「內集團」，也就是「日本」與「日本人」的立場，批判「外集團」，也就是「外國」、「外國人」與「反日者」。相對的，「左翼」站在世界橫向切分後的「下層」，也就是「勞工」與「庶民」的立場，批判「上層」，也就是「統治階級」、「既得權力者」等。在這層意義上，我們可以認為由於社會被由上而下地分隔為數個斷裂的階級，左翼思潮才得以孕育而生（出自《今後的馬克思經濟學入門》）。

然而在戰後的日本社會，這種縱切的觀點，相當程度上也由左翼所共享了。左翼人士從對遠東·太平洋戰爭的深切反省開始，與國內的「右翼」反其道而行，對過去遭受侵略的人民展現友好的態度，還將經濟上的得失放在一邊，開始重視反戰與和平等普世價值，這樣的性格也形塑了兩者的對立模式。日本戰後的左翼就這樣將經濟平等與反戰和平的訴求一體化為他們的信念。

這樣的看法在新中產階級中仍然根深柢固。在舊中產階級與專職主婦群體中，也相當程度地延續了下來。不過典型勞工還有底層階級卻非如此，他們的情況已與戰後左翼思潮所描繪的構圖有所出入。

底層階級積極主張消弭階級間的落差與緩解貧窮狀態，然而既存的左翼政黨與自由主義政黨卻無法獲得底層階級人民的支持。因為若要支持這些政黨，還得連同環境保護、和平主義這些在某種意義上「多餘的」理念也一併接受。隨著政治情勢的變動，這些「多餘的東西」還會不斷增加。筆者撰寫本書的二〇一八年七月，正發生森友學園與加計學園的醜聞案，隨之引發的關於首相應有的政治姿態與政治倫理問題，便屬於上面所說的「多餘的東西」。這毫無疑問是相當重要的問題，然而對底層階級來說卻是與自己「毫無相關的事」。

那麼，該怎麼做比較好呢？換個角度來想，答案非常簡單。只要創造一股新的政治勢力，高舉消弭階級落差與緩解貧窮的大旗，明確表態爭取以底層階級為主的底層民意就好了。只要能提出這樣的政策，就能和自民黨做出區隔。雖然廣義上來說只會是一個在野黨，但只要在所得再分配以及提高最低工作所得等最基礎的勞工政策上進行聯合，就能和其他在野黨分進合擊。比如以東京都知事小池百合子為中心，在大肆宣傳之下創立卻又瞬間瓦解的希望之黨，要是能出現這種同時主張修改憲法第九條、排外主義與所得再分配的政黨，理論上也屬於能夠合作的對象。

對站在左翼人士或自由主義者的立場，關心政治、擁有良知的人看來，或許會認為這樣的提案過於隨便，視野格局也太褊狹。不過為了將底層階級的訴求反映到現實政治中，藉以讓日本社會跨越危機，這或許是唯一的方法了。

原本左翼思潮的本質，是立足於上下分斷階級結構中的下層階級，進而維護該階級人民的經濟利益。然而戰後日本的左翼，卻傾向於將這樣的立場稱為「經濟主義」並加以貶低。那是經由高度經濟成長而達成、幾乎所有人的最低生活水平都能獲得保障的所謂「一億總中流」[1]時代的副產品。但在底層階級人口激增

1 譯注：存在於戰後日本的一種獨特的國民精神意識，在一九七〇至八〇年代尤為突顯，大多數民眾認為自己是中產階級。

的今天，左翼最好還是找回他們的初衷與理念。這也呼應筆者在本章開頭所提到的，能避免因階級落差加劇和貧窮擴大而導致大量社會性損失的道路。

終章——日本將從「下層」開始崩壞

既然筆者在序章提到了連續槍擊殺人事件的犯人永山則夫，在終章自然要談談這麼一個人——二〇〇八年六月在東京秋葉原犯下隨機殺人事件的加藤智大。

加藤智大出生於一九八二年。國中時期的成績相當傑出，順利進入有名的升學高中就讀。然而後來成績停滯不前，同學們幾乎都考上了四年制大學，他則是念了一所培訓汽車修理工的短期大學。大學畢業後，他以派遣員工的身分輾轉於不同職場之間，在犯案之前他被派遣至位於靜岡縣的豐田汽車子公司工廠。

孰料六月初，公司宣布說要裁掉大部分派遣員工。覺得自己也在裁員名單裡的加藤離開工廠決心大肆做案，並在網路論壇寫下自己的心境，終而犯下了罪行。

怎麼可能有正職員工想做派遣工做的那些工作，

那不就是像在說自己很無能嗎？

他們打電話來說人不夠你趕快來　不是因為需要我，而是因為人不夠誰要去啊！

人生勝利組全都給我去死，但這樣整個日本就只剩我一個人了，啊哈哈哈。

他在網路留言板上赤裸裸地寫下自己的心境。那種誰也不把他當一回事，被人孤立的感覺，再加上身為派遣員工的自卑感以及對未來的絕望。不穩定的就業狀態、經常轉換職場，而且工作內容只是機械式地不斷重複勞作。從他的留言中，我們可以鮮明地感受到像他一樣從事製造業派遣員工的年輕人的處境和內心風景。

事件發生時，筆者碰巧人在英國。令人震驚的事件報導，搭配彩色照片傳到筆者這端。日本當地的報導評論這起事件發生的背景，在於年輕又貧窮的非典型勞工愈趨增加所致。筆者看了以後不由得感慨，果然還是走到這一步了。因為在事件發生的半年前，筆者才剛出版一本重點討論「底層階級」這個詞彙的專書。

在書中，筆者論述了序章曾出現的永山則夫，在此引述如下。

永山在獄中書寫〈驚產黨宣言〉，將現代社會劃分為「大資產階級」、「小資產階級與貴族無產階級」及「流氓無產階級」，並呼籲：「所謂覺醒的流氓無產階級，就是徹底破壞各種政治目標的恐怖分子組織。讓我們展現地下生活者的氣魄，透過地下組織的行動，像溝鼠一樣讓這個城市天搖地動吧。」這個呼籲還為時過早。因為在當時，流氓無產階級——也就是底層階級——的規模還不足以與其他兩個階級抗衡。然而現在，底層階級已經逐漸膨脹為巨大的最下層階級了。如此，有可能起而響應永山呼籲的年輕人們，經過了三十幾年終於要逐漸登場了。（出自《新階級社會與新階級鬥爭》）

秋葉原事件發生之後，網路上出現了許多把加藤當成非典型勞工代言人並加以讚賞的留言，像是「秋葉原路上殺人魔加藤智大是神！」、「新教祖加藤智大降臨秋葉原」、「一同讚嘆加藤智大」之類的。這些留言當然隨即引來許多批評與反對，不過也有許多人表達了自己對其遭遇的同理心，如以下引用段落所述。筆者無法認為這種意見只是對大量殺人犯的同情就加以忽視。

我不覺得他幹得好，但加藤的心情我也不是不能理解。
這個社會封閉得令人窒息。這個社會讓人一旦跌倒就不可能再站起來。
只要你遭遇困難，公司和國家就會連你最後一滴血都要榨乾。
對於能否重新振作感到焦慮。
我認為選擇自殺的人和選擇大量殺人的人，兩者只有一線之隔。
他選擇了大量殺人，就只是這樣而已。
兩者只是誰多誰少的差別，在這種社會是注定會發生的。

經常針對底層階級發表意見的音樂評論家平井玄，將現代的非典型勞工和無業者稱為「永山則夫的孩子們」（出自平井玄著《米老鼠的無產階級宣言》）。確實，永山則夫是一九四九年出生的團塊世代，而大部分青年・中年底層階級男性則是團塊次世代。雖然這些人可能對永山則夫一無所悉，卻生活於相同的處境中，偶爾也會興起犯下相同罪行的念頭吧。就結果而言，他們可以說是繼承了永山的遺志。

在未來，隨機殺人事件應該還是會不斷發生吧。而且民眾或許也將習以為常。二〇一三年，日本法務省的法務綜合研究所彙整了一份《關於隨機殺人犯的研究》報告書。名列其中的罪犯共五十二人，其中介於十六至四十九歲的有四十四人，五十歲世代有五人，六十歲世代有二人。無就業經驗者為五人，曾就業的四十七人之中，在犯案前一年有工作的有二十五人，無業者有二十二人。有工作的二十五人中，典型就業者為十人，非典型就業者為十三人（其餘二人為就業型態不明）。而在犯案的時間點，有工作的人減少為十人，其中六人為非典型勞工。

最令人感到震驚的事件，是二〇一五年六月三十日在行駛中的東海道新幹線車廂內，一名七十一歲男性全身淋上汽油自焚，過程中一名乘客受到牽連導致死亡。根據報導，該名男性出身於岩手縣，三十幾歲時在居酒屋等場所擔任演歌歌手賣唱為生，後來還在鐵工廠工作過，也當過幼稚園接送巴士的司機。事件發生三個月前，他在清潔公司擔任契約員工，但因年事已高而決定辭去工作，領取厚生年金過日子。然而據說他對自己的受領額度相當不滿，還曾說「一個月領十二萬，付完房租、稅金、水電費大約四萬之後，手邊根本剩沒多少」。據說他還在區公所說了「你是要老人家早點去死嗎？」這樣的話，為難辦事的職員。自焚前他曾打電話給區公所，說：「我活不下去了，我會帶上身邊僅剩的錢去搭新幹線。麻煩幫我跟區長還有議員說一聲。謝謝你的照顧啊。」（出自《每日新聞》，二〇一五年七月一日至八日）

他要點火之前曾經對其他乘客示警，要他們避開，看來並未對他人懷有殺意，但終歸還是有在新幹線上引發火警的意圖。打給區公所的電話，反映的是他抗議的意志。根據其他報導，他也曾打給姊姊說「要不我去國會前面自殺吧」（出自《週刊朝日》，二〇一五年七月十七日號）。這毫無疑問是一種恐怖行動，由高齡底層階級親自執行的恐怖行動。「永山則夫的孩子們」步入高齡之後，會產生同樣心境其實一點也不令人意外。在這層意義上，筆者也必須說，日本現在正處於危機之中。

關於消弭階級落差以及化解貧窮危機的具體方案，筆者在拙作《新・日本階級社會》（講談社現代新書）和《現代貧窮物語》（弘文堂）中已詳加敘述，在此不贅。而且筆者認為不談為上。畢竟一談到具體的方案，不可避免地會出現許多論戰。但最為重要的，還是消除階級落差和貧窮，還有讓現存的底層階級人口能在這個社會中保有安穩的避風港，以及使他們能和其他人一樣對生活感到滿意與幸福。這樣的宏觀社會目標，才是筆者想要與讀者分享的。作為達成目標的前提，我們首先要知道的是，底層階級並非因為個人的無能或怠慢才會陷入貧窮，人們不應對其冷眼看待，或者認為事不關己而加以忽視。同樣身為人類，會處於不同的地位與階級都只是偶然碰巧的結果，應該將彼此視為夥伴，建立起能相互理解的同理心。

底層階級所面臨的問題絕不只是別人的事。這是因為只要「新階級社會」的結構如常不變，那麼總會有人掉進底層階級，而且無論掉進去的是誰都不令人意外。我們之所以不是底層階級單純只是個偶然。更進一步來說，現在就業情況穩定的人，未來也有很大的可能性會成為高齡底層階級。年金額度可能出乎意料地很少，自己的半生積蓄也可能因為自己或家人生了一場大病就消耗殆盡。也可能出現小孩成了底層階級，自己不得不支援其生活支出的情況。只要稍微運用一點想像力就能明白，底層階級所面臨的問題，或許在不久的將來都會降臨到自己身上。所以說，底層階級的利益，雖然可能和極少數握擁特權的人的利益相衝突，但和整個結構中的其他階級所組成的多數派，應該是相符合的。

不只如此，維護底層階級的利益在道德上也是正確的。構築現代自由主義理論基礎的道德哲學家約翰．羅爾斯（John Rawls）曾表示，若要建立所謂的理想社會，人們必須在對自身地位、所屬階級、身分、性別等屬性，甚至所持有的資產及所具備的能力皆一無所知的條件下去進行思考。這是因為若人們已預先知道這些情況，便一定會基於自身屬性以及資產、能力等條件，構想出一個有利於自身的社會。羅爾斯將這些條件稱為「無知之幕」。而他認為若人們在蓋上「無知之幕」的情況下思考，應該會因為「任何人都不會受到自然的命運或社會的偶然左右而置身於有利或不利的處境」達成一致的共識。原因在於每個人都有可能因為不走運而身無分文，也可能會能力不足或者缺少在危急時拉自己一把的人，因而陷入最為不利的處境。於是人們總算能從這個最不利的角度開始思考，一個盡可能別太糟糕的社會應該是什麼樣子。這就是羅爾斯所思考的「作為公平的正義」（出自《正義論》、《作為公平的正義》）。

不幸的人們，就在我們面前。那就是底層階級。讓我們從底層階級的視角來試著重新審視這個社會吧。從底層階級的視角來構想未來社會的樣貌，這不僅是底層階級人們要做的事，也應該是底層階級以外、廣義上稱為「左翼」的人們，換句話說就是位於社會「下層」的人們的共同作業。

參考文獻

【日文參考文獻】

ウィルソン、ウィリアム・ジュリアス（青木秀男監訳、平川茂訳、牛草英晴訳）『アメリカのアンダークラス』明石書店、一九九九年

エスピン＝アンデルセン、ゲスタ（渡辺雅男・渡辺景子訳）『ポスト工業経済の社会的基礎―市場・福祉国家・家族の政治経済学』桜井書店、二〇〇〇年

エンジェル、スティーヴン（橋本健二訳）『階級とは何か』青木書店、二〇〇二年

大澤真幸『可能なる革命』太田出版、二〇一六年
ガルブレイス、ジョン・ケネス（中村達也訳）『満足の文化』新潮社、一九九三年
吉川徹『日本の分断——切り離される非大卒若者たち』光文社、二〇一八年
玄田有史『仕事のなかの曖昧な不安―揺れる若年の現在』中央公論新社、二〇〇一年
シーブルック、ジェレミー（渡辺雅男訳）『階級社会―グローバリズムと不平等』青土社、二〇〇四年

シェーラー、マックス（浜井修訳）『知識形態と社会（上）』（シェーラー著作集11）、白水社、一九七八年
白波瀬佐和子『少子高齢社会のみえない格差──ジェンダー・世代・階層のゆくえ』東京大学出版会、二〇〇五年
永山則夫『人民をわすれたカナリアたち』辺境社、一九七一年
野村正實『日本的雇用慣行──全体像構築の試み』ミネルヴァ書房、二〇〇七年
橋本健二『階級社会──現代日本の格差を問う』講談社、二〇〇六年

橋本健二『新しい階級社会　新しい階級闘争――［格差］ですまされない現実』光文社、二〇〇七年
橋本健二『新・日本の階級社会』講談社、二〇一八年
藤田孝典『下流老人――一億総老後崩壊の衝撃』朝日新聞出版、二〇一五年
藤田孝典『続・下流老人――一億総疲弊社会の到来』朝日新聞出版、二〇一六年
古市憲寿『絶望の国の幸福な若者たち』講談社、二〇一一年

松尾匡・橋本貴彦『これからのマルクス経済学入門』筑摩書房、二〇一六年
道下裕史『フリーター生みの親が語る』『Works』六五号、二〇〇四年
ミュルダール、グンナー（小原敬士・池田豊訳）『豊かさへの挑戦』竹内書店、一九六四年
山田昌宏『パラサイト・シングルの時代』筑摩書房、一九九九年
山田昌宏『パラサイト社会のゆくえ——データで読み解く日本の家族』筑摩書房、二〇〇四年

労働政策研究・研修機構「大学等中退者の就労と意識に関する研究（JILPT調査シリーズNo.138）」労働政策研究・研修機構、二〇一五年

ロールズ、ズジョン（川本隆史・福間聡・神島裕訳）『正義論　改訂版』紀伊國屋書店、二〇一〇年

ロールズ、ズジョン（田中成明・亀本洋・平井亮輔訳）『公正としての正義　再説』岩波書店、二〇〇四年

【英文參考文獻】

Crompton,Rosemary,Class and stratification,Policy Press, 1993.

Gans,Herbert,The War against the Poor,Basic Books,1995.

Murray, Charles et al., The Emerging British Underclass, Charles Murray and the Underclass, IEA Health and Welfare Unit, 1996.

Wilson, William Julius,Studying Inner-city Social Diclocations, American Socialogical Review, Feb 1991.

聯經文庫

底層世代：高工時、低薪水、崩壞的人生軌道，絕望國度裡是否也有你的身影？

2023年4月初版
定價：新臺幣450元

著者	橋本健二
譯者	方斯華
叢書編輯	陳胤慧
特約編輯	黃美玉
封面設計	王薏婷

出版者	聯經出版事業股份有限公司
地址	新北市汐止區大同路一段369號1樓
叢書編輯電話	(02)86925588轉5322
台北聯經書房	台北市新生南路三段94號
電話	(02)23620308
郵政劃撥帳戶第	0100559-3號
郵撥電話	(02)23620308
印刷者	文聯彩色製版印刷有限公司
總經銷	聯合發行股份有限公司
發行所	新北市新店區寶橋路235巷6弄6號2樓
電話	(02)29178022

副總編輯	陳逸華
總編輯	涂豐恩
總經理	陳芝宇
社長	羅國俊
發行人	林載爵

行政院新聞局出版事業登記證局版臺業字第0130號

本書如有缺頁，破損，倒裝請寄回台北聯經書房更換。 ISBN 978-957-08-6821-0 (平裝)
聯經網址：www.linkingbooks.com.tw
電子信箱：linking@udngroup.com

國家圖書館出版品預行編目資料

底層世代：高工時、低薪水、崩壞的人生軌道，絕望國度裡是否也有你的身影？/ 橋本健二著．方斯華譯．初版．新北市．聯經．2023年4月．320面．14.8×21公分（聯經文庫）
ISBN 978-957-08-6821-0（平裝）

1.CST：階級社會 2.CST：社會問題 3.CST：日本

546.1 112002141

底層世代

アンダークラス